五台山文化遗产档案丛书

五台山寺院塑像图汇

（上）

崔元和 编纂

山西出版传媒集团
三晋出版社

《五台山寺院塑像图汇》

图像学术梳理和文字撰写 崔元和

图像前期采集和后期处理 崔元和 段雷刚 张华军 周祥蕾

史 坤 樊 宁 苏海波 焦谨奇

图像采集处理协调调度 崔元和 王耀斌 张 熔

目 录

宋（906—1279）

金（1115—1234）

元（1260—1368）

五台山寺院塑像遗产综述

五台山寺院塑像遗产综述

崔元和

在运用经、律、论等语言文字弘传佛法的同时，通过塑像、绘画等感性形象，庄严窟寺，感化众生，启悟信众，亦是佛教弘法济世的重要手段之一，故佛教亦称“像教”。在古代印度，运用感性形象弘传佛法，要晚于使用语言文字，但佛教东渐中土，却是由僧人带着经、律、论等文字经典以及佛、菩萨图像，寺窟塔幢等“像教”一起进入的，即所谓佛宝、法宝、僧宝之“三宝”同渐东土。所以佛教在中国化的过程中，不仅在演变发展过程中形成了经、律、论、疏、注、释等抽象文字著述体系，也形成了佛、菩萨、罗汉、护法塑像、绘画感性图像造像体系。佛、菩萨等佛教造像，虽非佛教之法身、实相或本体，但却能在更广大范围内吸引民众，使不少信众通过这些具体图像感悟佛法真谛，即所谓乘筏登岸，因筌得鱼，凭指揽月。《憨山老人梦游集》卷四十：“伏以法身非相，托有相以明心。妙行无为，在即为见谛。苟非藉假修真，何以转凡成圣？惟我如来应世，道化无方，舍己从人，随缘利物。建言灵鹫，开优钵之名华；遗范阎浮，刻旃檀之瑞缘。遂使见闻瞻仰，同出迷途；礼念归依，共登宝所。爰自金光东曜，白马西来，像教以兴心，用庄严而表法。所以琳宫遍支那之境，绀像满祇树之国。尊崇者，自天子以至庶人；悟道者，若王公及乎群汇。”《雪峰真觉大师语录》卷下：“然像教之设，大众瞻仰，人心之感，先乎目之所见。观殿宇之巍峨，像设之庄严，则敬心悚然而生。敬心生，则万善由是而积。自汉以来，教日益涨，寺日益盛。”《紫柏老人集》之十三：“释迦文佛成道已，思惟所亲未度而度众生，非师范人天之则，遂升忉利天为母说法。以优阗王想佛成渴，命三十二匠，往地居天，刻佛三十二相，请归优阗国供养，此像教之始也。”

此“综述”所指五台山，为古代五台山佛教寺院文化覆盖的“台内”“台外”区域，并非今五台县行政区划所指。《佛祖历代通载》卷七：“太祖道武皇帝……国号代晋。始拓跋诘汾，因畋于野遇天女而生力微，即魏之始祖神元皇帝也。帝时辟暑五台山，有梵僧来乞坐具地，帝然之，遂敷坐具于是。头出星辰，尾摇日月，方圆五百里，皆属圣基，乃文殊化身也。"《清凉山志》卷一《总标化宇》："东震旦国清凉山者，乃曼殊大士之化宇也，亦名五台山。以岁积坚冰，夏仍飞雪，曾无炎暑，故曰清凉。五峰耸出，顶无林木，有如垒土之台，故曰五台。雄踞雁代，盘礴数州，在四关之中，周五百余里。""四关"者，即雁门关、龙泉关、平型关和牧护关。故古代所谓五台山"方圆五百里"，是指今台怀镇核心景区及东、南、西、北四座台顶环护的"台内"区域，以及山西省五台县、繁峙县、代县、定襄县及河北省阜平县等"台外"区域。《清凉山志》卷二《伽蓝胜概》："按古传，五峰内外佛刹凡三百余所……历代以来，诸刹废兴，沿革数目，难以悉记，今略录显著于左云耳。台内佛刹，凡六十八……台外佛刹凡三十六。东台外九寺……南台外九寺……西台外九寺……北台外九寺……"

此"概述"所述"塑像"者，根据历史上五台山造像特点，以泥质彩塑为主，也包括夹苎、木雕、玉雕、石雕以及用金、银、铜、铁等材质雕塑而成的佛、菩萨等三维立体造像，但不包括壁画、卷轴、册页等平面画像。《佛说造像量度经》卷一："乃择日而塑像，所有旧像木偶者，净绵或净布缠绕……石泥等胎者，旷野净处，掘地仭许深窖……若系金、银、铜、铁等像，则可熔化……"《佛说最上根据大乐金刚不空三藏三昧大教王经》卷四："……塑像及画像，金银诸宝等；雕镂及彩画，作如是像已……"

一、东汉及北朝

五台山佛教寺院创建于东汉永平年间，北魏孝文帝再建之。《清凉山志》卷二："大显通寺，古名大孚灵鹫寺。汉明帝时，滕、兰西至，见此山，乃文殊住处，兼有佛舍利塔，奏帝建寺……元魏孝文帝再建。"至北齐时，五台山寺院已有二百多处，但建德三年（574）北周武帝宇文邕"灭法"，寺、像俱毁，早已难觅踪迹。《古清凉传》卷上《古今胜迹》："爰及北齐高氏，深弘象（像）教，宇内塔寺，将四十千。此中伽蓝，数过二百……遭周武灭法，释典凌迟。芳徽盛轨，湮沦殆尽。自非神明支持，罕有为仆存者也。"据文献，此时的五台山已是国内重要的《华严》研习弘传中心和著名的文殊信仰中心。《古清凉传》卷上《古今胜迹》："昔元魏熙平元年（516），有悬瓮山沙门灵辩，顶戴此经《华严经》，勇猛行道，足破血流，勤诚感悟，乃同晓兹典，著论一百卷。时孝明皇帝请于式乾殿敷扬奥旨，宰辅名僧，皆从北面。……北齐初年……刘谦之……乃于此处转诵《华严经》，三七行道，祈见文殊师利，遂获冥应，还复根形。因便悟解，乃著《华严论》六百卷，论综始终，还以奏闻，高祖敬信，由此更增常日讲。《华严》一篇，于时最盛。”《续高僧传》卷二十：“释昙韵……又闻五台山者，即《华严经》清凉山也，世传文殊师利常所住处，古来诸僧，多入祈请，有感见者，具蒙示教。昔元魏孝文，尝于中台置大布寺，帝曾游止，具奉圣仪……遂举足栖焉。”

维摩诘与文殊对坐造像

日僧圆仁于唐开成五年（840）巡礼五台山，其《入唐求法巡礼行记》卷二记载：“到西台顶……从台西下坂，行五六里，近谷有文殊与维摩对谈处。两个大岩相对高起，一南一北，高各三丈许。岩上皆平，皆有大石座。相传云：文殊师利菩萨共维摩相见对谈之处。其两座中间于下石上有狮子蹄迹，塌入石面深一寸许。岩前有六间楼，面向东造。南头置文殊像，骑双狮子。东头置维摩像，坐四角座，老人之貌，顶发双结，幞色素白而向前覆，如戴莲荷。着黄丹衣及白裙，于衣上袭披皮裘，毛色斑驳而赤、白、黑。两手不入皮袖，右膝屈之著于座上，竖其左膝而踏座上，右肘在条几上，仰掌以抻五指，左手把麈尾，以腕押左膝上，开口显齿，似语笑之相……人云：见化现时之样而造之矣。”遭唐会昌五年（845）“武宗灭法”，圆仁所记维摩诘与文殊对坐造像亦毁而不存。宋、明山志所记，已无此造像，仅有二圣对谈石仍在。延一《广清凉传》卷上之《五台境界寺名圣迹》：“西台……灵迹一十五……二圣对谈石……”明镇澄《清凉山志》卷二《五峰灵迹》：“西台……二圣对谈石。唐法琳，见缁白二叟坐谈石上，近之则失，因为名。宣公子睹异，于上建楼。觉玄诗：妙德弘开向上关，维摩一默不轻还。对谈若谓无言说，风雨依前点石斑。”

北朝及此前的五台山文殊造像，因北周武帝“灭法”等原因，在北朝末年已毁而无存。据魏、晋、南北朝之际佛教造像的文献记载及实物遗存，其时文殊造像主要有两种题材，一是文殊与其他菩萨并列或同时出现之题材，一是维摩诘与文殊对坐、对谈之题材。敦煌莫高窟285窟东壁北侧，有西魏所绘《无量寿佛说法图》，并留有“大代大魏大统四年（538）岁戊午八月旬造”等题记，无量寿佛两侧所绘四身胁侍，即为“无尽意菩萨”“文殊师利菩萨”“观世音菩萨”“大势至菩萨”。但魏晋南北朝之际，文殊菩萨与其他菩萨并列或同时出现的造像题材并非主流。魏晋南北朝时，鸠摩罗什所译《维摩所说经》颇为流行，故北朝的文殊造像多以维摩诘与文殊对坐形式出现。估计北朝的五台山，文殊与维摩诘对坐亦为主要造像题材之一。

西台、北台、中台为北魏都城平城至五台山较近之台顶，孝文帝元宏等多次登临此地，遗迹颇多。《广清凉传》卷上《菩萨何时至此山中》："元魏孝文，北台不远，常年礼谒见（现）人马有迹，石上分明，其事可知。"《广清凉传》卷上《五台境界寺名圣迹》："中台……灵迹四……孝文人马迹……北台……灵迹十六……公主台、孝文教鹰台、孝文打球场……西台……灵迹一十五……孝文射垛……"《清凉山志》卷二《五峰灵迹》："西台……魏文人马迹，在台上，石上印文，若人马足迹，俗以为魏帝至此……北台……憨山，古《传》云：昔有梵僧，从魏孝文帝，乞一卧具地。帝许之。僧展卧具，覆五百余里……"故西台"二圣对谈石"，也许即为北魏时维摩诘与文殊对坐、对谈造像故址所在。甚至，北魏这一造像题材乃至样式，仍传承至有唐一代。中土佛、菩萨造像骑双狮者，大都在南北朝早期，如北魏太安元年（455）佛弟子张永敬造像碑佛两侧的两身狮子，北魏孝昌二年（526）比丘昙兴造释迦三尊像两侧双狮，梁普通四年（523）释迦诸尊像中的双狮。隋、唐之际，佛菩萨所乘双狮或须弥座做成双狮已较为罕见。

魏晋南北朝时期，维摩诘与文殊对坐造像题材盛行有其特定背景。东晋时鸠摩罗什译出《维摩诘所说经》等，在魏晋南北朝上流社会十分流行。其时的名门望族，文士墨客，常将《维摩经》与中国传统的《老》《庄》并论，维摩诘与文殊对坐辩论的题材内容，成为他们之间经常论及和探讨的话题。维摩诘出身名贵但又气质清高和善于清谈论辩的形象，以及文殊作为佛陀使者对于维摩诘的敬重和推崇，亦是他们津津乐道的内容。因此，《维摩经变》亦成为印度佛教中国式文学化和图像化的最早题材之一。《历代名画记》卷五："兴宁中，瓦棺寺初置。僧众设刹会，请朝贤鸣刹注疏，其时士大夫莫有过十万者。既至，长康直打刹注百万。长康素贫，众以为大言。后寺众请勾疏，长康曰：宜备一壁。遂闭户往来一月余，日画维摩诘一躯。工毕，将欲点眸了，乃谓寺僧曰：第一日观者，请施十万；第二日，可五万；第三日，可任例责施。及开户，光照一寺，施者填咽，俄而得百万钱。""兴宁"为东晋哀帝年号，时在公元 363 至 365 年之间。现存维摩诘与文殊对坐最早壁画，当属甘肃炳林寺 169 窟于西秦建弘元年（420）所绘《维摩变》。

北魏时期，维摩诘与文殊对坐题材的造像制作再起高潮。不过，这一时期此类题材造像兴起之背景，与魏晋之际已有所不同。魏晋之际，多年不断的战乱、动荡，使曾对社会有举足轻重地位的门阀豪族和文人墨客，既对现实社会充满失望，也对西汉以降所“独尊”的儒术儒学充满失望，于是逃避现实而超然物外的《老》《庄》以及传入不久的释教，便成为这一人群或阶层的主要精神支柱和人生寄托。然而，对于这些养尊处优、生活优渥的既得利益阶层人士而言，现实享受和利益实在难以割舍，佛教出家人需恪守的戒律和清规，老庄所追求的“遗世孓立”和“不为物役”之境界确实难以接受，故像维摩诘那样既不放弃优渥的物质生活条件，又在精神上保持对世俗社会的超越以及自我意识的自由自在和人格的独立尊严，便成为他们效仿的楷模。于是，对维摩诘的崇拜，在魏晋上流社会蔚然成风。

北魏时，尤其是从孝文帝元宏开始，虽再次在造像中掀起维摩诘与文殊对坐题材热潮，主要起因却与魏晋有别：第一，北魏是印度佛教传入中土后，第一个将护持佛教纳入国家发展战略的政权，佛教即国教，朝廷对佛教具有绝对的管理和支配权力。第二，强力和彻底推行“汉化”，是孝文帝元宏推行的基本国策。而当时北朝与南朝在社会制度、文化、习俗等方面相差甚大。与北朝相比，南朝更多地保留和延续了汉民族传统的社会风俗、文化及典章制度。故北魏孝文帝之际推行的“汉化”，亦即“南化”。第三，魏晋至南朝，由名门望族构成的上流社会，是当时最具影响力的既得利益群体。对拥有优势社会资源、优越物质生活条件，但又追求精神自由自在和人格独立尊严的典范人物维摩诘崇拜，是魏晋及南朝名门望族的文士墨客盛行的风气，而在他们身上也更多地体现和存在着汉文化的某些传统与某种特质。因此，“维摩诘化”，亦是当时“汉化”“南化”的一个重要标志或象征。第四，文殊师利不仅在佛教经典记述的故事中是代表释迦佛与维摩诘进行合作的重要使者，而且也是弘传大乘佛教“空宗”思想、“不二法门”和“平等”智慧的大菩萨，在现实世界中，提升文殊菩萨的地位、作用和影响，亦有助于吸引和团结南北朝的名门望族和文人士大夫，推动和加速“汉化”。《魏书》卷七《高祖纪下》：“有魏始基代朔，廓平南夏，僻壤经世，咸以威武为业，文教之事，所未遑也。高祖幼承洪绪，早著睿圣之风。时以文明摄事，优游恭己，玄览独得，著自不言，神契所标，固以符于冥化。及躬总大政，一日万机……钦明稽古，协御天人，帝王制作，朝野轨度，斟酌用舍，焕乎其有文章，海内生民咸受耳目之赐……其经纬天地，岂虚谥也。”北魏时期，在云冈石窟造像中维摩诘与文殊对坐雕刻激增，有三十余幅之多，到北魏孝文帝为推进“汉化”而将都城南迁至洛阳后，龙门石窟中维摩诘与文殊对坐的《维摩经变》题材雕刻达到高峰，竟有一百三十余幅之多。由此可以窥见北魏“汉化”进程与《维摩经变》造像之间某些内在联系。

五台山在北朝时作为文殊道场快速发展，至北朝末已闻名遐迩，僧俗共敬，亦应与北魏孝文帝等人的扶持与推动有直接关系。《古清凉志》卷上《古今胜迹》：“……大孚图寺……本元魏文帝所立，帝曾游止，具奉圣仪，爰发圣心，创兹寺宇。……石堂之东南……上有清凉寺，孝文所立，其佛堂尊像，于今在焉。……南台灵境寂寞……台西有佛光山，下有佛光寺，孝文所立。”《广清凉传》卷上《清凉山得名所因》：“中台最高……上有小石浮图，其量千许，即后魏文帝宏所立也。”故魏孝文帝执政时期，在他所倾心打造的佛教名山圣地，造置维摩诘与文殊对坐的《维摩经变》题材造像可能性颇高。

此外，圆仁《入唐求法巡礼行记》所述文殊所骑“双狮子”之来源，亦有必要略作梳理。印度佛教早期造像，菩萨乘双狮所驮须弥座造像颇为常见，如美国达拉斯卡博艺术博物馆藏有公元 3 世纪所造观世音菩萨石雕像一身，此像来源于印度，为犍陀罗造像样式风格，观世音菩萨仍似希腊王子容貌、身躯，左手持莲花，一腿盘曲，一腿下垂，坐于双狮所驮须弥座上。此馆还藏有一身来源于今阿富汗地区造像，制作时间为公元 4 至 6 世纪，样式风格亦属犍陀罗，题材为思维菩萨，此菩萨右臂抬起，臂肘倚靠狮头，右手食指托抵太阳穴，神态作深思状，左臂下撑于左腿上部，双腿下垂而坐，身躯两侧为两头昂首挺立的狮子，双狮所立之处，是两个下部为巨大狮爪造型的雕花石墩。

从现有资料看，印度佛教造像中的双狮，与古代两河流域文化、希腊罗马文化以及中西亚文化有颇多渊源关系。乘双狮的娜娜女神，最早出现于公元前四五千年两河流域的苏美尔神话中。公元前 6 世纪中叶起，随着亚历山大帝国和希腊化时代来临，开始在今伊朗、印度、阿富汗等西亚、南亚、中亚地区，或与本土神祇混合，或以单独神祇身份或变身为其他宗教系统神祇出现，如在犍陀罗希腊化神庙里，贵霜王朝金腰带上，阿富汗希腊化时期金币上，都能看到乘双狮的娜娜女神形象。故上述印度、阿富汗犍陀罗时期佛教菩萨造像中双狮出现，可能与受娜娜女神双狮坐骑影响有一定关系。但据日本学者赖富本宏研究，在印度早期佛教造像中并未见到骑狮文殊造像。

中土佛教造像中佛、菩萨等乘双狮造像的出现早在南北朝时期，现在遗存尚多。但目前所见最早的文殊骑狮文献记载及造像遗存却已至唐代，且所骑已多为单狮。唐阿地瞿多译《金地佛顶画法》卷一："画作文殊师利菩萨……七宝璎珞，宝冠天衣，种种庄严，乘于师（狮）子。"张彦远《历代名画记》卷三："慈恩寺，塔内面东西间，尹琳画，西面菩萨骑狮子，东面乘象。"圆仁《入唐求法巡礼行记》亦记唐时五台山骑狮文殊造作异事："……与数僧上菩萨堂院……开堂礼拜大圣文殊菩萨像：容貌颙然，端丽无比。骑狮子像，满五间殿在。其狮子精灵，生骨俨然，有动步之势，口生润气，良久视之，恰似运动矣。老宿云：初造此菩萨时，作了便裂，六遍捏作，六遍颓裂……今五台诸寺造文殊菩萨像皆此圣像之样，然皆百中只得一分也。"宋延一《广清凉传》卷中《安生塑真容菩萨十》亦记此事，谓此像造于"唐景云中"（710—711）。

骑狮文殊在中土的形成，有三种可能，一是"印度说"，即源于印度。二是"本土说"，即基本上是中国化佛教的产物。此二说一直以来为骑狮文殊造像形成的主流观点。三是"两河说"，即文殊所骑狮子最早源头在两河流域，其后才数经辗转传入中土。此说基本上是据近年丝绸之路沿线宗教及其造像等新发现资料和研究成果而出现的新观点。骑狮文殊造像在北朝时已经出现，隋、唐时已颇流行，但基本上都是与乘象普贤对称出现，或同时出现。如《北京图书馆藏中国历代石刻拓本汇编》所收北周明帝宇文毓元年（557）刊立《北周文王之碑》拓本："为王敬造佛二尊宝堂，药王在其左，普贤在其右，文殊师利，挟持两厢；飞天化生，在上驰翔；狮子吒呰，在下佅张。"敦煌莫高窟第220窟东壁及北壁唐贞观十六年（642）所绘对称骑狮文殊和乘象普贤。独尊骑狮造像，较与乘象普贤对称造像出现较晚，较早的文献记载，有《广清凉传》所载唐景云年间五台山大华严寺文殊院独尊骑狮文殊造像，圆仁《入唐求法巡礼行记》卷三所记唐大历元年（766）所建五台山金阁寺的骑狮文殊造像，即："……到保磨镇国金阁寺……开金阁，礼大圣文殊菩萨：骑青毛狮子，圣像金色，容貌端严，不可比喻。"据俄罗斯学者马尔夏克研究，骑狮和乘象的神祇，在中亚出现较早，撒马尔罕以东片治肯特古城壁画，大部分是粟特人在接受佛教之后所作，其形成时间最早在公元5世纪，最迟也不晚于公元8世纪，其中已出现骑狮的四臂女神和头戴王冠的乘象王子，以及坐在狮身之上脸微侧的女神和回首凝望女神的坐骑卧狮造像。

唐代骑狮文殊形成，除中土已有狮、象一类大型动物输入，以及崇奉异兽、灵兽等内在因素，外因则可能与中亚等地已形成的骑狮、乘象造像之传入有关。其传入途径和主体，可能一是往返于丝绸之路上包括粟特人在内的“昭武九姓”中亚商人；二是经于阗等西域奉佛古国，由于阗等地的西域僧人或塑绘艺人传入，如有学者认为唐景云年间于五台山大华严寺菩萨院塑置骑狮文殊的“安生”，即有可能是来自“昭武九姓”之安国的艺人。延一《广清凉传》卷上《五台境界寺名圣迹》所记：“西台……灵迹一十五……孝文射垛……师（狮）子踪、于阗国王踪、二圣对谈石……”从此段记载看，文殊坐骑狮子与于阗国国王、二圣对谈遗踪，以及北魏孝文帝的射垛遗迹俱在一处，一种可能是在中唐于阗王和毗沙门天作用、影响空前提升背景下，由于阗等西域僧人或艺人将骑狮文殊、于阗国国王等信息一并传入，并在昔日孝文射垛、二圣对谈等既有遗迹处，重新塑置了文殊骑双狮的“二圣对谈”像。但另一种可能亦不应排除，即早在北魏之际，佛、菩萨乘双狮造像样式已通过粟特等“昭武九姓”商人、艺人，或于阗等地的西域僧人或艺人传入了五台山，故在塑置“二圣对谈”像时，亦将文殊坐骑塑置成了双狮，并在北周建德三年（574）“周武灭法”后重置“二圣对谈”造像时，其双狮坐骑仍参照前朝样式塑置。五台山出土的北齐白石雕彩绘菩萨立像，其须弥座即绘有两身昂首端坐的狮子。

二、隋、唐、五代

入隋之后，由于隋文帝杨坚等帝王扶持，五台山佛教得以复兴。有唐一代，除唐武宗李炎于会昌五年（845）“灭法”，对中土佛教造成严重破坏外，从高祖李渊，到太宗李世民、高宗李治、武帝则天、玄宗李隆基、肃宗李亨、代宗李豫、文宗李昂，再到宣宗李忱等，均对五台山佛教多加扶持。故至“会昌法难”之前，五台山佛教发展进入第二个高峰时期，最盛时寺院达三百六十处之多，且天台、华严、唯识、净土、律宗、密宗、禅宗等诸宗并秀，高僧云集，造像在庄严文殊道场和弘传文殊信仰这一基本主题上，题材、样式等又呈丰富多采状态。“会昌法难”之后，由于宣宗、懿宗、僖宗等晚唐诸帝以及后唐、后晋、后汉等五代诸国多位帝王均对佛教大加扶持，晚唐、五代之际的五台山佛教，再度得以恢复。

1. 五顶文殊造像

隋文帝杨坚即位后从多处入手，复兴五台山佛教。他敕令五台山于五座台顶各建寺院一处，并于其中各置文殊造像一身，开五台山五座台顶分置文殊造像之先河。《清凉山志》

卷五："隋文帝开皇元年（581），下诏，五顶各置寺一所，设文殊像，各度僧三人，令事焚修。""十三年（593）十二月，遣使至清凉山设斋。上自书疏曰：大隋皇帝佛弟子坚，敬白文殊大士……"《广清凉传》卷上《五台境界寺名胜迹》："隋开皇十一年（591），文帝敕忻州刺史崔霞持供，于五台顶设斋立碑。及奉使登台，遥瞻丛石，并是菩萨，身挂璎珞。故宝台铁塔，功德最多，不可殚纪。"隋初五顶所置文殊，应非后世于五顶所置"五方文殊"，因从隋至清中叶山志、碑刻等中，从未发现"五方文殊"之名称或相关记载。

白衣文殊为文殊诸多应化相之一。唐飞锡撰《念佛三昧宝王论》卷上有"文殊变白衣士，宝衣严为"云云。

2."释迦三尊"及"华严三圣"造像

隋代时五台山已是天台宗传习中心之一，入唐后五台山则发展为《法华经》中土研习重镇之一。《古清凉传》卷下《游礼感通》："隋并州人高守节……将向台山，至一住处，见三草屋，才可容身，乃于中至，数诵《法华经》。……释明曜……住昭果寺，常诵《法华》……曾同与解脱，俱至大孚寺祈请文殊师利。"《广清凉传》卷下："释志远……就华严寺右小院挂锡，演天台圆顿……释法兴……讽《妙法莲华经》，期年成诵……来礼圣迹，志乐林泉，隶名佛光，遂有终焉之志。"故至迟从唐初起五台山已出现了"释迦三尊"造像。《古清凉传》卷上："中台南三十余里，在山之麓，有通衢，乃壁者常游此路也。旁有石室三间，内有释迦、文殊、普贤等像……"《广清凉传》卷下《高德僧事迹》："开元二十三年（735）三月十五日，有清凉寺普观禅寺，与同造功德主、沙门法会，于中台顶造玉石释迦、文殊、普贤等一部从，神功妙绝。至开元二十四年（736），功毕。后武宗会昌五年（845），拆天下寺宇，倒遭除毁，悲矣。"

五台山自北朝起，即为国内华严重镇之一。北魏时，已有沙门灵辩在此山传习《华严》，并著《华严论》百卷。北齐时，又有刘谦之于此山转译《华严经》，并著《华严论》六百卷。《古清凉传》卷上："昔元魏熙平元年（516），有悬瓮山沙门灵辩，顶戴此经（《华严经》），勇猛行道，足破血流，勤诚感悟，乃同晓兹典，著《论》一百卷……至北齐初年……有阉竖刘谦之，自慨刑余，又感王子烧身之事，遂奏讫入山修道。敕许之。乃于此处转诵《华严经》，三行七道，祈见文殊师利，遂获冥应，还复根形。因便悟解，乃著《华严论》六百卷……《华严》一篇，于时最盛。"入唐后，开元年间（713—741），又有著名华严学者李通玄于五台山研传《华严》，并著《华严决疑》《华严经大意》《华严经合论》等一百二十余卷。大历年间（766—779），再有华严四祖澄观驻锡此山研弘《华严》，并著《华严经疏》六十卷、《华严经随疏演义抄》九十卷。之后，继有华严五祖宗密以及法空、诚惠、继颐等高僧于此山研习弘传《华严》。

所以，随着五台山华严道场、理论及宗派的不断建设壮大，由卢舍那佛（毗卢遮那佛下同）与文殊、普贤构成的"华严三圣"，亦成为隋、唐、五代五台山地区的主要造像题材之一。《广清凉传》卷上："温汤寺，五王子所造。昔五王子者，不知何代，宿植善根，得为王子……乃迁入山，于此温泉澡浴，疾遂痊愈，身复轻安，造寺住持，因温汤为号。寺内有砖塔一所，可高二丈，层给三重，中有卢舍那像，文殊、普贤及余部从，靡不毕具。唐万岁通天（696—697）中，有僧慈云，创此安置。"现存南禅寺大佛殿（正殿）重建于唐建中三年（782），佛坛上所塑三尊主像，亦为"华严三圣"，即正中为卢舍那佛，两侧为乘象普贤、骑狮文殊二菩萨。

五台山地区"释迦三尊"的出现，要早于"华严三圣"。从释慧祥在《古清凉传》中的记述看，至迟在7世纪中叶前后，五台山已有"释迦三尊"造像的存在。释慧祥曾两次上五台山，一次为唐乾封二年（667），一次为唐总章二年（669），《古清凉传》所记即为他两次登五台山见闻。五台山"华严三圣"造像的出现，不会晚于7世纪末叶，如《广清凉传》卷上所记唐万岁通天年间（696—697），慈云于温汤寺所创置的卢舍那佛和文殊、普贤及部从造像。唐著名华严学者李通玄，开元七年（719）开始于五台山附近的盂县撰写《新华严经论》，五年后，即开元十二年（724），四十卷《新华严经论》成，其毗卢遮那佛与文殊、普贤"二法一乘""三德为伴"等理论，应在文殊道场五台山有很大影响，故五台山率先造出"华严三圣"之一佛二菩萨组像并非没有可能。

3. 骑狮文殊主尊和独尊造像

骑狮文殊造像在北朝时已经出现，隋、唐时已颇流行，但基本是与乘象普贤对称出现，或同时出现。成都山泉镇石佛寺遗存北周明帝宇文毓元年（557）刊立《北周文王之碑》："为王敬造佛二尊宝堂，药王在其左，普贤在其右，文殊师利，挟持两厢。"《历代名画记》卷三：唐初"慈恩寺，塔内面东西间，尹琳画，西面菩萨骑狮子，东面骑象"。

骑狮文殊作为主尊或独尊之造像，始于唐代之际的五台山。圆仁《入唐求法巡礼行记》

卷三："晚际，与数僧上菩萨堂院……开堂礼拜大圣文殊菩萨像：容貌颙然，端丽无比。骑狮子像，满五间殿在。其狮子精灵，生骨俨然，有动步之势，口生润气，良久视之，恰似运动矣。老宿云：初造此菩萨时，作了便裂。六遍捏作，六遍颓裂。其博士惆怅而云，吾此一才天下共知，而皆许孤秀矣。一生来捏作佛像，不曾见裂损之。今时作此像，斋戒至心，尽自工巧之妙，欲使天下人瞻礼，特为发心之境。今既六遍造，六遍皆摧裂，的应不称大士之心。若实然者，伏愿大圣文殊菩萨为我亲见真容，亲睹金颜，即仿与而造。才发愿了，开眼见文殊菩萨骑金色师（狮）子现其人前，良久，乘五色云腾空飞去。博士得见真容，欢喜悲泣，方知先所作不是也。便改本样，长短大小容貌仿取所见之相……今五台诸寺造文殊菩萨像皆此圣像之样，然皆百中衹得一分也"；"到保磨（应）镇国金阁寺……开金阁礼大圣文殊菩萨：骑青色狮子，圣像金色，颜貌端严，不可比喻"。《广清凉传》卷下亦记此事："唐景云中，有僧法云者，未详姓氏，住大华严寺……有处士安生者，不知从何而至。一日，应召为云塑像。云将厚酬其直（值），欲速疾工。生谓云曰：若不目睹真像，终不能无疑。乃焚香恳启。移时，大圣忽现于庭。生乃欣踊躃地祝曰：'愿留食顷，得尽模相好。'因即塑之……自是，灵应且肸蠁，遐迩归依，故以'真容'目院焉。"《佛祖统纪》卷三十九："龙朔……二年（662），敕会昌沙门会赜诣五台山，礼文殊真容，众见金光满殿。"

骑狮文殊像从与乘象普贤对称的"华严三圣"佛、菩萨组像中独立出来，成为主尊或独尊造像，应是多方因素促成之结果。初、盛唐之际，随着密宗在中土崛起，文殊菩萨的地位已大幅度提高，不再是与普贤对称出现在佛两侧的胁侍菩萨，甚至成为当下"无佛世界"中唯一救度众生的教主。佛陀波利《佛顶尊胜陀罗尼经序》："如来灭后，众圣潜灵，唯有大士文殊师利，于此山中，汲引苍生，教诸菩萨。"唐大历元年（766），不空三藏奏请唐代宗李豫在五台山创建金阁寺，其殿内即塑有独尊或主尊的骑狮文殊。圆仁《入唐求法巡礼行记》卷三："开金阁礼大圣文殊菩萨：骑青毛狮子，圣像金色，容貌端严，不可比喻。"唐大历四年（769），唐代宗李豫在不空三藏等人的奏请下，敕天下寺院食堂之中，将文殊像置于宾头卢像上首，甚至敕普贤、观音为文殊"执拂而侍"。大历七年（772），又敕天下僧尼寺院之内，均须择地为文殊菩萨独立建院。《代宗朝赠司空大辩正广智三藏和上表制集》卷第三："（大历七年）敕京城及天下僧尼寺内，各简（拣）一胜处，置大圣文殊师利菩萨院。”此文殊师利院殿堂内的文殊造像，应为主尊或独尊。此外，骑狮文殊成为主尊或独尊，还与盛、中唐之际在印度佛教中国化进程中，借助文殊形象弘传“平等智”的思想及文殊应化灵验故事的广泛传播有关。《广清凉传》卷中：“大孚灵鹫寺者……不知自何代之时，每岁首之月，大备斋会，遐迩无间，圣凡混同。相传，昔有贫女，遇斋赴集，自南而来，凌晨届寺，携抱二子，一犬随之，身无余资，剪发以施。未遑众食，告主僧曰：今欲先食，遽就他行。僧亦许可，命童与馔，三倍贻之，意令贫女二子俱足。女曰：犬亦当与。僧勉强复与。女曰：我腹有子，更须分食。僧乃愤然语曰：汝求僧食无厌。若是在腹未生，曷为须食？叱之令去。贫女被诃，即时离地，倏然化身，即文殊像，犬为狮子，儿即善财及于阗王，五色云气，霭然遍空。”日僧圆仁《入唐求法巡礼行记》卷三亦记此事，并评之曰：“入此山者，自然起得平等之心。山中设斋，不论僧俗、男女、大小，平等供养。不看其尊卑、大小，于彼皆生文殊之想……从今已后，送供设斋，不论僧俗、男女、大小、尊卑、贫富，皆须平等供养。山中风法，因斯置平等之式。”

4. 密宗造像

唐代的五台山，亦是不空三藏等“为国”打造的国家密宗道场。释迦密多罗、佛陀波利及含光、道超等多位唐代著名密教高僧也先后驻锡五台山，在此习传密教，营造道场。圆仁《入唐求法巡礼行记》卷二：“……行到竹林寺断中。斋后，巡礼寺舍……又画佛陀波利仪凤元年（676）来台山见（文殊）老人时之影。花严院堂中有金刚界曼荼罗一铺……入贞元戒律院……诸尊曼荼罗，彩画精妙……”卷三：“到保磨（应）镇国金阁寺……又见灵仙圣人皮佛像及金铜塔，又见辟支佛牙、佛肉身舍利。当菩萨顶悬七宝伞盖，是敕施之物。阁九间，三层，高百尺余，壁檐椽柱无处不画，内外庄严……次上第二层，礼金刚瑜珈五佛像。斯乃不空三藏为国所造，依天竺那烂陀寺样作，每佛各有二胁士，并于板墙上列置。次登第三层，礼顶轮王瑜伽会五佛金像，每佛各一胁侍菩萨。二菩萨作合掌像在佛前面，向南立。佛菩萨手印容貌，与第二层像各异。粉壁内面画诸尊曼荼罗，填色未了，是亦不空三藏为国所造。”

五台山金阁寺创建于唐大历元年（766），是不空三藏奏请唐代宗下敕于五台山打造的国家道场之一。该寺耗资巨大，由不空三藏弟子含光作现场主持，造像之题材内容、样式风格，多数依据印度那烂陀寺规划设计和塑绘制作，并直接聘请那烂陀寺僧人纯陀作工程规划设计和质量监理。《代宗朝赠司空大辩正广智三藏和上表制集》卷二《请舍衣钵助僧道环修金阁寺制一首》：“……特进试鸿胪卿大广智不空奏：……发心奉为国家依图造金阁寺……清凉、华严、佛光、玉华四寺先成，独唯金阁一所未成。既是圣迹，谁不具瞻。不空愿舍衣钵，随助道环建立盛事……以金阁之大也，保寿寺大德沙门含光奉供，回台恭修功德。伏望便于造寺所宣圣旨祈所厥诚……永泰二年（766）五月一日谍。”《宋高僧传》卷二十一：“释道义……开元中至台山于清凉寺粥院居止……来于楞伽山下逢一老僧……乃相随入寺礼遍诸院，见大阁三层，上下九间，总如金色，闪烁其目。老僧令义早还所止，山寒难住。唯诺辞出寺，行及百步回顾，唯是山林，乃知化寺也。却回长安，大历元载（766），具此事由奏宝应元圣文武皇帝，敕置金阁寺。宣十节度助缘，遂召益造都料。一僧名纯陀，为度土木造金阁一寺。陀元（原）是西域那烂陀寺喜鹊院僧。”

印度帕拉王朝兴起于750年，终结于1199年。五台山金阁寺大历元年（766）创建时，正是以印度佛教密宗为背景的印度帕拉造像艺术兴起不久之际。古老的那烂陀寺其时已是闻名遐迩的国际密教研习和交流中心，亦是帕拉造像艺术荟萃的典范寺院。故唐大历年间五台山金阁寺创建时，“依那烂陀寺样作”制作的尊像，应是中土较早一批引入帕拉造像题材内容和样式风格的造像。

唐大历年间所创金阁寺已在唐会昌五年（845）“灭法”中毁而不存，但现存五台山南禅寺大佛殿（正殿）彩塑却保存了唐代五台山密宗造像的诸多信息。南禅寺大佛殿重建于唐建中三年（782），仅比金阁寺创建的大历元年（766）晚十六年，且同属五台山地区，故其造像应参考、借鉴甚至直接摹仿了国家道场金阁寺的某些造像题材和样式风格。

南禅寺大佛殿文殊像，坐于青狮所驮莲台之上，并与居中位的卢舍那佛像和居于卢舍那佛左位的乘象普贤，组合成“华严三圣”格局。此为典型的密宗造像样式和格局。丁福保《佛学大辞典》：文殊既坐莲台，又骑狮背，示金、胎融合。金刚界曼荼罗中，卢舍那佛居中位，表理智完备；文殊居左位，主智门；普贤居右位，主理门；但如涉胎藏界曼荼罗，二菩萨居位则互换。故南禅寺大佛殿“华严三圣”，应属胎藏界曼荼罗像设格局。

南禅寺大佛殿原遗存有唐建中三年塑绘彩塑十七身，现存十四身，其中胁侍菩萨四身，皆头戴三叶花冠，青丝高挽，宝缯垂肩，上身袒裸，仅斜扎胳腋，肩绕披帛，下身着贴腿窄裤，站姿呈S形，帕拉造像的样式风格明显，与大同云冈石窟等处犍陀罗样式风格造像，以及太原天龙山、洛阳龙门石窟等处笈多样式风格造像有较明显区别。故五台山南禅寺所遗存唐建中三年（782）所塑绘胁侍菩萨，亦为中土最早引入帕拉样式风格的彩塑造像之一。

5.“新样文殊”及“护国文殊”造像

南禅寺大佛殿骑狮文殊两侧，塑绘有眷属两人，一为善财童子，一为驭狮者。此驭狮者，头戴尖顶风帽，赤颜密须，深目高鼻，外着圆领襕袍，胸系宽带，腰扎臀护革甲，足踏长靴，为中唐以降标准的于阗王面相及服饰造型。故此“文殊三尊”，已是典型的“新样文殊”造像，较敦煌莫高窟第220窟于后唐同光三年（925）绘制的“新样文殊”壁画早143年，为国内现存创造时间最早的“新样文殊”造像。

此外，南禅寺大佛殿骑狮文殊像，上身所着并非天衣、络腋、披帛等菩萨上身所着衣饰，而是外着螺旋纹式胸护和腹护的铠甲。此亦国内目前所见最早的“护国文殊”“铠甲文殊”造像，比中国国家图书馆所藏约于950年前后藏经版画上绘制的着铠甲文殊图像，约早168年。

6. 弥勒造像

由于玄奘、窥基等高僧对包含弥勒信仰佛经的大量译介，唐高宗、玄宗等帝王对弥勒净土的崇信，尤其是武则天自称为弥勒化身，以及武则天对五台山佛教的扶持，五台山亦掀起了弥勒造像高潮。《清凉山志》卷五《帝王崇建》：“则天武后长安二年（702），后神游五顶，是岁敕并州刺史重建清凉寺。三年（703），敕感法师，率百余僧，诣山斋会……三年（703），敕琢玉文殊像，遣大夫魏元忠，送诣清凉寺。上自书疏云：朕曩承佛记，今握化宝，敢不恢弘至道，光阐大猷。但以万机所系，未能亲诣圣地，恭叩慈容，仰白文殊大师昭格。”《古清凉传》卷上：“中台上有旧石精舍一所，魏棣州刺史崔霞所造……西屋，有石弥勒坐像一，稍减东者。其二屋内，花幡供养之具，氍荐受用之资，莫不鲜焉，即慈恩寺沙门大乘基所致也。基，即三藏法师玄奘之上足，以咸亨四年（673），与白黑五百余人往而修焉。”《广清凉传》卷下：“释法兴……来礼圣迹，志乐林泉，隶名佛光，遂有终焉之志……修弥勒大阁，凡三层九间，高九十五尺，尊像庄严……”唐会昌五年（845）武宗李炎“灭法”，佛光寺弥勒大阁及大像尽毁，但唐宣宗李忱“再崇释氏”，五台山佛教再次得以复兴，佛光寺弥勒大阁及弥勒大像亦得以重建。《敦煌地理文书汇辑校注》所收《往五台山行记》，约写于后唐长兴二年（931）之后，其记有云：“又到佛光寺……弥勒阁三层七间。”上书所收《印度普化大师游五台山启文》，亦写于五代之际，其亦记载：“……奔趋佛光寺……礼弥勒之大像。”

7. 涅槃造像

有唐一代是五台山佛教最为鼎盛时期，诸宗诸派均纷纷至五台山设立道场，弘传教义，净土宗亦不例外。法照即为唐代五台山著名净土高僧，其所驻锡之竹林寺，亦为当时远近闻名的净土道场。故涅槃造像，亦为唐代五台山造像之主要题材之一。圆仁《入唐求法巡礼行记》卷三：“大花严寺……入涅槃道场，礼佛涅槃相：于双树下，右肋而卧，一丈六尺之容。摩耶闷绝倒地之像，四王、八部、龙神、天人及诸圣众，或举手悲哭之形，或闭目观念之貌，尽《经》所说之事，皆捏为像也。”圆仁所见大花严寺涅槃道场的释迦涅槃诸像，亦于唐会昌五年（845）尽毁于“武宗灭法”，但在五代，此类题材造像又在五台山寺院中出现。《敦煌地理文书汇辑校注》之《印度普化大师游五台山启文》：“奔趋佛光寺，音乐喧天，幡花覆地……游涅盘（槃）之巨蓝……”

8. 万菩萨造像

《大方广佛华严经》卷二十九《菩萨住处品第二十七》：“东北方有菩萨住处，名清凉山，过去诸菩萨常于中住。彼现有菩萨，名文殊师利，有一万菩萨眷属，常为说法。”所以“万菩萨”亦是隋唐五代时期颇具地域特色的五台山造像题材之一。《古清凉传》卷上：“恒州士俗五十余人，六斋之日，常赍花香珍味来就，奉献文殊师利及万菩萨，年年无替。”圆仁《入唐求法巡礼行记》卷二：“竹林寺斋礼佛式：……同礼……文殊师利菩萨，大圣普贤菩萨，一万菩萨……”《印度普化大师游五台山启文》：“宿在清凉，登峻层道，谒清峰道者，开万菩萨堂，游现（观）侵宵。”《往五台山行记》：“又到佛光寺……兼有大佛殿七间……弥勒阁三层七间……万菩萨……”

9. 罗汉造像

在中土佛教造像史上，罗汉造像流行较晚。北凉释道泰所译《入大乘经》中，虽有“如是等十六人诸大声闻……皆于佛前，取筹护法，住寿于世界……守护佛法”等记载，但所记十六罗汉名称并不全。《宣和画谱》卷一：“僧繇画释为多……今御府所藏十有六：……十六罗汉……”但从其所在之南朝至唐初，罗汉题材造像并不流行，文献所记甚少。玄奘所译《大阿罗汉难提密多罗所说法住记》，才第一次明确了十六罗汉之名字，十六罗汉题材方开始流行。现有最早十六罗汉造像实物遗存，是敦煌莫高窟第 97 窟中盛唐所绘十六罗汉壁画。唐末五代之际，十六罗汉成为佛教造像流行题材。

唐末五代时，十六罗汉等罗汉造像题材也在五台山流行开来。《往五台山行记》："又到佛光寺……万菩萨，十六罗汉，解脱和尚真身塔，锁骨子和尚塔，云是文殊、普贤化现。"《印度普化大师游五台山启文》："二十二日游王子寺，上罗汉堂，礼降龙大师真容，看新罗王子塔。"《广清凉传》卷下："时晋少主在位，见之信重……遂建真容院四面廊庑及华严寺楼阁……塑山龛罗汉三十二堂……"晋少主，即后唐少主石重贵，公元 942 至 944 年在位。

10. 多宗并存造像

多宗并存，诸派共融，是唐代对佛教的基本政策。自高祖始，除武宗"灭法""反佛"外，唐代历朝皇帝及朝廷均对佛教不同宗派、流派予以扶持，只不过在不同时期及不同皇帝那里，对某宗某派有所偏尊而已，故鼎盛的唐代佛教，呈现出诸宗诸派同朝竞秀之特色。五台山作为唐王朝历代帝王、朝廷倾力扶持之"国家道场"，在佛教和造像方面，亦体现上述特色，大寺、名寺更是如此。

《广清凉传》卷下："释法兴……修弥勒大阁，凡三层九间，高九十五尺，尊像庄严，靡不周备已。至七十二位圣贤、八大龙王、台山诸寺圣像，万有余尊，绘塑悉具，僧徒称赞。"圆仁《入唐求法巡礼行记》卷二："竹林寺斋礼佛式……次唱佛菩萨名。大众学词，同礼尺（释）迦牟尼佛，弥勒尊佛，文殊师利菩萨，大圣普贤菩萨，一万菩萨，地藏菩萨，一切菩萨摩诃萨。"《往五台山行记》："又到佛光寺四十里宿……兼有大佛殿七间，中间三尊，两面文殊、普贤菩萨。弥勒阁三层七间，七十二贤，万菩萨，十六罗汉……"《印度普化大师游五台山启文》亦记："奔趋佛光寺……礼弥勒之大像，游涅盘（槃）之巨蓝。焚香于解脱师前，圣贤虔礼于楼上……"沙洲无名僧人所撰《往五台山行记》与《印度普化大师游五台山启文》所记均为唐"会昌灭法"后，于唐大中年间恢复重建的佛光寺建筑、法事、造像等状况。佛光寺现存东大殿，与沙洲和尚与印度僧人于五代所记相同，仍是"大佛殿七间，中间三尊，两面文殊、普贤菩萨"。"中间三尊"，即为唐代颇盛行的"新三世佛"，中尊为释迦佛，释迦左侧为弥勒佛，释迦右侧为阿弥陀佛；而三尊主佛左右的"两面文殊、普贤菩萨"，则是密宗胎藏界曼荼罗式的文殊造像以及"华严三圣"

二上首菩萨的像设格局。此外，佛坛中央释迦佛须弥座正中又雕一轮冉冉上升的太阳，故此佛同时又是卢舍那佛和大日如来，若非如此，则不能于三佛左右的文殊、普贤二菩萨构成“华严三圣”的像设格局。故一佛坛之上，弥勒净土、弥陀净土这两个唐代盛行的“净土”世界主佛造像，娑婆世界、华藏世界的两大佛教法界主佛造像，密宗金、胎两界的主佛造像，以及华严世界、娑婆世界和密宗金、胎两界共同的两大菩萨就共聚一坛，诚可谓“一坛诸宗，共融竞秀”。

11. 国家功德圣贤造像

唐代诸帝扶持佛教的重要出发点之一，就是要求佛教为国家的“主流意识形态”服务，有助于朝廷的世界观、价值观、人生观推行。《全唐文》卷五载唐太宗李世民《为战阵处立寺诏》：“日往月来，逝川斯远。虽复项籍方命，封树纪于丘坟，纪信捐生，丹青著于图史，犹恐九泉之下尚沦鼎镬，八难之间永缠冰炭。愀然疚怀，用忘兴寝，思所以树其福田，济其营魂。可于建义以来交兵之处，为义士凶徒陨身戎阵者，各建寺刹，招延胜侣，望法鼓所震，变炎火于青莲；清梵所闻，易苦海于甘露。所司宜量定处所，并立寺名，支配僧徒及修造寺院，具为事条以闻，称朕矜愍之意。”

《代宗朝赠司空大辩正广智三藏和上表制集》卷二中载：唐代宗李豫于大历四年（769）在批复不空三藏的表奏时，更明确讲了于五台山等地崇奉文殊菩萨及打造“国家道场”之目的：“敕大圣文殊师利菩萨法王之子，威德特尊，为诸佛之导师。洗群生之心目，康我兆庶，是抚无边。”不空三藏更明言，其弘扬大乘佛法，是“仰待佛力，辅成国家”。《代宗朝赠司空大辩正广智三藏和上表制集》卷三“所译诸大乘经典，皆是上资邦国，息灭灾厄……仰恃佛力，辅成国家”，并嘱其弟子：“吾百年后，汝等依国，于国尽忠，努力虔诚，为国持念。国安人泰，吾愿满焉。”故有唐一代，五台山“国家道场”寺院中常见“国家功德七十二贤圣”之造像题材。“会昌法难”前，释法兴所建佛光寺有此题材。《广清凉传》卷下：“释法兴……来礼圣迹，志乐林泉，隶名佛光，遂有终焉之志，四方供利，身不主持，付嘱门人，修弥勒大阁……七十二位圣贤、八大龙王……绘塑悉具……众口一辞，列上所属，请充山门都纲，规矩准绳，为后世法。”日僧圆仁于“会昌法难”前巡礼竹林寺时，亦见此题材造像。圆仁《入唐求法巡礼行记》卷二：“行到竹林寺断中……入贞元戒律院。上楼，礼国家功德七十二贤圣。”“会昌法难”后，重建的五台山寺院，仍再现这一题材造像。《敦煌地理文书汇辑校注》之《印度普化大师游五台山启文》：“……佛光寺……圣贤虔礼于楼上……”《往五台山行记》：“……佛光寺……七十二贤，万菩萨……”

12. 观音造像

中晚唐之际，观音崇拜亦在五台山形成，五台山观音造像亦成为海内外迎取的对象或仿造的样本。《佛祖统纪》卷四十二：宣宗大中“十二年（858）……日本国沙门慧锷，礼五台山得观音像，道四明将回国。舟过补（普）陀山，附着石上不得进。众疑惧，祷之曰：若尊像于海东机缘未熟，请留此山。舟即浮动，锷哀慕不能去，乃结庐海上，以奉之。”《补陀洛迦山传》卷一：“日本僧慧锷，从五台山得菩萨像，将还国，抵焦（礁）石，舟不能动。望潮音洞，默叩得达岸，迺（乃）以像舍于洞侧张氏家，屡睹神异。遂舍居作观音院。郡将闻之，迎像入城，为民祈福。未几，有僧，不知何许人，索嘉木扃户刻之。弥月，像成，僧不知所在。今所奉菩萨像，即此也。”

三、宋

有宋一代，太宗赵光义、真宗赵恒、仁宗赵祯、英宗赵曙等帝，均对五台山佛教大加扶持。《佛祖统纪》卷四十三：“太平兴国……五年正月，敕内侍张廷训，往代州五台山造金铜文殊、万菩萨像，奉安于真容院。诏重修五台十寺……十寺者，真容、华严、寿宁、兴国、竹林、金阁、法华、秘密、灵境、大贤。”《清凉山志》卷五：“宋太宗太平兴国元年……有诏：五台深林大谷，禅侣幽栖，尽蠲税赋……五年四月，遣使蔡廷玉等，诣台山建寺，敕河东路有司运给。”“真宗景德四年，敕五台真容院，建重阁……”“自太宗至仁宗三代圣主，眷想灵峰，流光五顶，天书玉札，凡三百八十轴，恢隆佛化，照耀林薮。清凉之兴，于时为盛。”《广清凉传》卷中：“圣宋太宗皇帝践位，神武天资，克平伪主，重恢宇宙，再造生灵，故得像教弥隆，灵峰更弊。”宋时，天台、华严、唯识诸宗，为五台山较为兴盛的宗派，如北宋天台高僧慧悟、唯识高僧成觉、华严高僧净源等，均驻锡五台山，研习和弘传本宗佛法。

1. 华严“叶上千释迦”“延寿三尊”“一万银菩萨”造像

“华严三圣”曾是隋唐时期五台山地区最流行的华严造像题材，入宋之后，随着对《华严经》等经新的注疏理论出现，其华严造像题材亦有所创新和丰富，以卢舍那佛（毗卢遮那佛）为中心的“叶上千释迦”“延寿三尊”“一万银菩萨”“万圣像”等题材造像，成为北宋五台山皇家道场造像的重要题材。

日僧成寻于宋熙宁五年（1072）巡礼天台山、五台山，其《参天台五台山记》卷五：“十二月一日，乙亥，天晴。辰一点，参宝章阁，烧香……上阶殿卢舍那佛丈六像座，绕叶上千释迦，围绕四千银菩萨。次左延春王菩萨丈六像，围绕三千菩萨银像。次左长寿王菩萨丈六像，围绕三千银菩萨，合一万菩萨。”《广清凉传》卷中：“重建大阁一座，两层，凡一十三楹，于上层置斗（㪷）宫分布，中楹安卢舍那佛像，四周造万圣像。雕刻彩绘，备极工巧。”《大明三藏法教》卷一：“《经》云：我今卢舍那，方坐莲华台……周匝千花上，复现千迦叶。莲华有千叶，故云千花。一花叶上，现一释迦佛，故云复现千释迦。此千释迦，乃从卢舍那佛出现也。一花百亿国，一国一释迦……通而言之，卢舍那佛现出千释迦，千释迦现出千百亿释迦。今此四天下，乃是千百亿国土中之一土。释迦牟尼佛，乃是千百亿释迦之一佛也。”《佛说寿生经》：“贞观十三年（639），有唐三藏法师往西天求教，因检《大藏经》，见《寿生经》一卷……说十地菩萨，长寿王菩萨摩诃，延寿王菩萨，摩诃萨增福寿菩萨，摩诃萨消灾障菩萨……”由长寿佛母、白度母及尊胜佛母组成的“长寿三尊”，是藏传佛教常见造像题材之一。但汉传佛教中，由卢舍那佛与长寿王菩萨、延寿王菩萨组成的“延寿三尊”，以及“延寿三尊”与“一万银菩萨”的造像组合今较少见，为五台山宋代特色造像之一。

2. 密宗“四方佛”“五方佛”“千手观音”“五髻文殊”诸像

成寻《参天台五台山记》卷五：“辰刻，诸堂烧香，副僧正共引伴。先文殊阁，四重庄严……次第三阁银等身佛四体，四方佛云云……”“次参集圣阁，下地千手观音三丈像，上阶殿五髻文殊菩萨丈六像……次礼万圣阁，下地五方佛，各有四菩萨。”《金刚顶瑜珈中略出念诵经》卷三：“阿等四佛，皆应布置……想四方佛面，向毗卢遮那座。先画执金刚，在阿閦前；次画右，次左次后。诸部准此。次至宝方，宝生坛，圆满金刚智等。次花（画）方阿弥陀坛，清凉金眼等……”《金刚顶瑜伽中发阿耨多罗三藐三菩提心论》卷一：“五方佛位，各表一智。东方阿閦佛，因成大圆镜智，亦名金刚智也；南方宝生佛，由成平等性智，亦名灌顶智也；西方阿弥陀佛，由成妙观察智，亦名莲华智，亦名转法轮智也；北方不空成就佛，由成成所作智，亦名羯摩智也；中方毗卢遮那佛，由成法界智为本。已上四佛智，出生四波罗蜜菩萨焉。四菩萨，即金宝法业也。三世一切诸圣贤，生成养育之母，于是印成法界体性中，流出四佛也。”《金刚顶瑜珈文殊师利菩萨法一品》：“一切如来所说法，摄入五字陀罗尼中……于曼荼罗中，画文殊师利五髻童子状，身如郁金色，种种璎珞，庄严其身。右手把金刚剑，左手把梵箧，生于月轮中。于月轮四面，周旋书五字陀罗尼……”《千手观音造次第法仪轨》卷一：“上首正体身大黄色，结跏趺坐大宝莲华台上。其华三十二叶，其一一间有诸小叶。以无量百千大摩尼宝为庄严也。其尊之正面天冠上有三重，诸头面之数有五百。当面之左右造两面，右名莲华面，左名金刚面也。右者青碧貌，左绀白色也。正面者，表佛故，是大士有大身故。三部海会备具也。八大菩萨以为眷属，大士前有童目天女持可爱华，乃童子并持经僧座，其形七岁童子貌，第三重有二十八部众。”

3. 文殊真容像及文殊万菩萨造像

宋代皇帝，对五台山“文殊真容”造像极为重视，敕建楼阁，专门奉置。《广清凉传》卷中：“真宗皇帝御宇，景德四年（1007），特赐内库钱一万贯，再加修葺，并建大阁一座，两层十三间，内安真容菩萨，赐额‘奉真之阁’。”《清凉山志》卷五：“真宗景德四年，敕五台真容院，建重阁，设文殊像。绮焕殊丽，映曜山谷，赐额名‘奉真之阁’……”《广清凉传》卷中：“唐景云中（710—711），有僧法云者……住大华严寺。每惟大圣示化，方无圣像。俾四方游者，何所瞻仰。乃缮治堂宇，募工仪形。有处士安生者，不知从何而至。一日，应召为云塑像……生谓云曰：若不目睹真像，终不能无疑。乃焚香恳启。移时，大圣忽现于庭……因即塑之。厥后，心有所疑，每一回顾，未尝不见文殊之在傍也。再朞功毕，经七十二观，真仪方备。自是，灵应且肸蠁，遐迩归依，故以‘真容’目院焉”。成寻《参天台五台山记》卷五：“斋后……参太平兴国寺……次登上殿，礼一万菩萨。”

4.“新三世佛”及“十六罗汉”造像

由释迦、弥勒与阿弥陀组成的“新三世佛”造像，形成于南北朝，兴盛于唐代。唐代五台山佛光寺东大殿佛坛正中三尊主佛即主要表现为“新三世佛”造像。北宋的五台山真容院（菩萨顶）沿袭了此三佛组合像，说明北宋“弥勒净土”“弥陀净土”及“华藏净土”仍然是五台山地区崇奉信仰之题材。成寻《参天台五台山记》卷五：“……参中台下半真容院……次四重阁，丈六释迦、弥陀、弥勒。”

此外，北宋五台山地区的罗汉像，仍以“十六罗汉”为主，“十八罗汉”题材未见记载。

《参天台五台山记》卷五：“……上阶殿五髻文殊菩萨丈六像，十六罗汉，观自在。”

5.“伏狮文殊”“卧象普贤”造像

定襄县洪福寺正殿存有五台山地区仅有的一坛宋代彩塑，中间三尊主像为卢舍那佛与文殊、普贤构成的“华严三圣”像，其余六身为迦叶、阿难二弟子，胁侍菩萨两身、护法天王两身，塑绘精湛，体量宏大，为佛像中的宋塑精品。其中的文殊、普贤所乘坐骑，并非如隋唐之际造像直接乘于狮背或象背之上，亦非直接坐于狮背或象背所驮莲台之上，而是直接结跏趺坐于须弥台座之上，其坐骑狮子、大象，则如“笼中猛兽”，伏卧于须弥座正面束腰的壸门之中。

文殊、普贤二菩萨不乘坐“立狮”“站象”，而改乘坐“伏狮”与“卧象”，为宋元之际华严两大上首菩萨造像的一大变化，流传、波及范围颇广。五台县城广济寺为元代寺院，其大雄宝殿佛坛扇面墙后遗存有元代塑绘的观音、文殊、普贤“三大士”像，其所乘犼、狮、象坐骑，均为“卧式”或“伏式”，并非“站式”“立式”。山西长治崇庆寺“三大士”殿，遗存有宋代观音、文殊、普贤造像三身，其所乘坐骑犼、狮、象，亦为“伏式”“卧式”和“坐式”。山西洪洞广胜寺大雄宝殿元塑文殊、普贤像，所乘坐骑同样为“伏狮”“卧象”。银川所出土朝代或为西夏的“三大士”像，坐骑亦为“伏狮”“卧象”和“蹲犼”。日本京都东福寺所藏“释迦三尊”像，以及京都鹿王院所藏同题材造像，其中的文殊、普贤二菩萨所乘坐骑，亦均为“伏狮”“卧象”。

文殊与伏狮同时出现年代较早，如太白山中山寺唐代石刻遗存，即刻有头戴宝冠，身披瓔珞，半结跏趺坐文殊一身，其左侧即刻有伏狮一身，并有“大唐贞观四载（630）玄奘”等题刻字样。但骑“立狮”文殊，改为骑“伏狮”文殊，乘“立象”普贤改为乘“卧象”普贤，就目前在五台山所见，则主要始于北宋。文殊乘“站狮”，主要象征文殊身上所体现、具备的智慧，能够断惑、解疑，如站狮一样威猛；普贤乘“立象”，则象征普贤所实现的行愿，无敌无畏，如大象一样踏实而威严行进，所向披靡。李通玄《新华严经》卷四：“文殊为法身妙慧，普贤为万行威德故……文殊骑狮子者，为明创证法身佛性根本智断惑之骏故。普贤乘香象王者，表行庠序，为威德故。”

但将文殊坐骑改作“伏狮”，普贤坐骑改作“卧象”，则侧重于表现或象征“华严三圣”中的此二位首席菩萨法力无比，具有降伏猛狮、巨象之威力。所以至明代，就在《封神演义》八十三回中出现了“三大士收伏狮、象、犼”的章节内容。此种改变，实质上是宋元之际佛教信仰及造像由依据佛教经典向融合民间信仰传说转变，亦是宋元以降佛教造像进一步中国化和世俗化的一种转变。五台山地区洪福寺正殿佛坛宋代彩塑中，文殊右前侧胁侍菩萨所作手势为“兰花指”形，佛坛前角一护法天王所披挂“鹘尾”护甲为“吊鱼”状，即主要是佛教造像借用戏剧人物手印及服饰的结果。

活跃在丝绸之路上的粟特人，曾经是中印佛教文化交流的重要“中介”，同时也将他们自己的宗教文化连同印度佛教文化混杂于一体传入了西域、中土。今塔吉克斯坦境内的片治肯特古城，出土了一批公元 5 至 8 世纪的宫殿壁画，此宫殿北墙壁面上部中心位置，绘有一身高举四臂、手捧日月的巨大神祇，此神祇所骑即为一身四蹄向前匍匐而回首向尾部凝望的卧狮。此骑狮神祇即是源于两河流域，当时又在片治肯特地区乃至粟特人中受到广泛崇拜的娜娜女神。与娜娜女神同一面墙壁有一拱门，拱门顶端则绘一身着袒右肩袈裟而左手举及肩高、施无畏印的佛陀，并绘一身右臂举起、手握金莲花的菩萨。此殿娜娜女神所骑伏狮，与中土文殊所骑伏狮，在形式及内涵上是否有先后影响、借鉴等关系，需作进一步考证。

四、金

金代，除海陵王完颜亮外，其他诸帝基本上保持了对佛教的支持，在五台山新建万岁、平章、崇冈、岩山等寺；重建佛光寺文殊殿、天王殿，延庆寺大雄宝殿；修葺寿宁、三会诸寺。同时亦在五台山周边地区兴建或重修寺院殿宇，如应县净土寺、大同善化寺、朔州崇福寺等。金代五代山佛教，密宗、华严等宗派较为兴盛。法冲为金代五台山精晓密典的著名法师，《补续高僧传》卷十九：“法冲大师，不知何许人，居五台山，神异莫测。大定中（1161—1189），黄冠萧守真，上奏请与沙门角力。金主许之，师应召入京，止昊天寺。明日，于殿庭相试。肃能饮，斗酒自若，谓冲曰：沙门能饮乎？如弗能，则出吾下矣。师曰：吾能一饮十斛，不足为难。但吾佛有戒，沙门不得饮酒，请加砒霜鸩毒于中，我与若饮，庶不为犯。若能饮之乎？萧曰：请沙门先之。师手持毒酒，口诵咒，饮之如吸水。饮毕，倒器，相示无遗涓滴。即满盛一器与萧，萧觳觫不敢受。师曰：汝出吾下矣。萧犹大言矜高，师于地画金刚圈，咒之。萧不觉投入圈中，汗如雨下，丑态狼籍，尽力求出而不能。上劝师舍之。师曰：若非帝前，吾以金刚杵碎尔首。金主大加赞叹，赐仪仗送还山，赐建万岁寺，居之。”

有金一代，五台山是海内外僧众向往的华严、密教道场胜地。《华严经感应略记》卷一：“金。苏陀室利，中印度那烂陀寺僧，诵持《华严》。年八十五，航海来礼五台。每一台顶，诵《华严》十部。禅寂七日，定中见金域绀殿，宝莲香水，珠网交辉，诸天童子，游戏其中。后于灵鹫峰化去，得舍利八合（盒），璀蘭（灿）如珠。”《佛祖历代通载》卷二十：“三藏沙门吽哈啰悉利，本北印度末光阏国人，住鸡足山，诵诸佛密语，有大神力，能祛疾病，伏猛呼召风雨，辄效皇统，与其父弟三磨耶悉利等七人，来至境上，请游清凉山，礼文殊，朝命纳之。既游清凉，又游灵岩，礼观音像……始至济南建文殊真容寺……大定五年（1165）四月二十三日，示寂于三学，年六十三。”

由此可推测，金代五台山寺院造像，当以密宗、华严等宗派崇奉的题材为主。

1. 文殊五尊造像

佛光寺文殊殿中央像坛塑绘的文殊及其眷属组像，为国内外现存最早的“文殊五尊”造像。此组造像，由骑狮文殊、善财童子、于阗王及文殊圣化老人、佛陀波利组成。造像依据，最早出自唐译《佛顶尊胜陀罗尼经序》中所讲故事。唐仪凤元年（676），天竺僧人佛陀波利来五台山礼谒文殊，刚至山脚顶礼拜谒时，忽见一老人，对其说汉地众生，多造罪孽，唯取《佛顶尊胜陀罗尼经》在中土译出，方能灭众生一切罪业，拔济幽冥，广利群生。于是，佛陀波利即返天竺，于唐永淳二年（683）将此经取回，并奏明皇帝，译出此经，流布中土。《广清凉传》卷中亦记此事。

“文殊五尊”是在骑狮文殊、善财童子、于阗王构成的“文殊三尊”基础上，再增添文殊圣化老人与佛陀波利，故有人认为两者同属“新样文殊”，区别不大。其实并非如此。

一是造像所依据经典及文殊尊格之区别。“三尊”造像，主要依据唐菩提流志所译《佛说文殊师利法宝藏陀罗尼经》、唐不空三藏译《圣阎曼德迦威怒王立成大神验念诵法》等经典，着重讲述文殊师利平息甲兵、降敌破阵、镇国护土之不可思议功德。“五尊”则主要依据唐代新译《佛顶尊胜陀罗尼经序》所讲述故事塑绘，着重强调文殊师利在“众圣潜灵”的世界中，度亡灭罪、拔救幽冥、接引苍生的殊胜功德及其崇高尊格。

二是造像形成的社会环境及宗教背景的区别。盛唐晚期及中唐，吐蕃对唐王朝愈演愈烈的反复袭扰侵掠等外患，安禄山、史思明等人相继反叛造成的内乱，成为唐王朝最大的压力与危机。于是，甚受朝廷推崇重用的不空三藏等密教高僧，便顺应时局，终于通过较长时期酝酿，在中晚唐创造出了“三尊”之“新样文殊”，从佛教角度协助唐王朝化解内乱、外患形成的诸种军事及社会危机。“五尊”的形成，有更复杂的社会和宗派背景。入唐以后，地狱观念、地藏信仰已在社会上流行，晚唐、五代之际，又与中国传统的道德观念、官僚制度、刑法审讯等进一步糅合，使《十王经》及其变文、变相广泛传播，深入人心。至宋、辽、金时期，人死后设斋拔救已深入民间风习，成为朝野民众广泛接受的信仰和风俗。于是，具有灭罪度亡、拔助幽冥“殊胜”功德，而又能于“尘沾影覆”中收到简捷易行“殊胜”果报的“佛顶尊胜陀罗尼”经、咒、幢，便在宋、辽、金之际愈加流行，并成为佛教密教、天台、法相、净土、禅宗等多宗共同推崇的仪轨和功德。宋金之际兴起的水陆道场，是释、道、儒及民间信仰融合的产物，“佛顶尊胜陀罗尼”的经咒及仪规等，亦于其中备受推崇。当然，从中唐开始的内乱及外患，五代之际中小王朝的不断兴灭，以及宋、辽、金、元之际少数民族政权相继入主中原与汉族政权所进行的一系列征战所造成的灾难、罪业，以及所产生的诸多不确定因素，亦是“文殊五尊”酝酿产生和最终定型的更深刻社会背景因素。

三是像设格局不同。五台山南禅寺大佛殿于唐建中三年（782）所塑绘骑狮文殊、于阗王与善财童子，是目前所见最早“新样文殊”中的“三尊”造像。作为《华严经》造像的一个组成部分，其“文殊三尊”与“普贤三尊”，是作为卢舍那佛两位首席胁侍菩萨对称出现的。唐五代之际，绝大部分寺院、石窟中的“三尊”像设格局均如此，仅有少数与文殊菩萨有关的发愿文版画，才将“文殊三尊”作为像设主体出现。“五尊”中的文殊，则从定型开始，就是作为一殿、一坛或一铺的主尊出现的。佛光寺文殊殿金天会十五年（1137）所塑“五尊”，是目前所见最早定型“五尊”造像，像坛中间主尊为骑狮文殊，文殊左右前侧为于阗王、善财童子，佛坛左右前角则有文殊圣化老人与佛陀波利相向伫立。

“五尊”自金天会年间在五台山佛光寺文殊殿塑成“定型”后，即成为海内外众多寺院造像模仿的基本范本，其“五尊”样式格局与佛光寺文殊殿已基本相同。如繁峙县岩山（灵岩）寺金大定七年（1167）塑绘的“文殊五尊”，五台山殊像寺明弘治九年（1496）塑绘的“文殊五尊”，以及日本京都醍醐寺镰仓时代（1185—1333）绘制的《诸文殊图像》（文殊五尊）等。

“文殊五尊”之所以在金代定型及定型后较快流布，是因为在晚唐、五代及宋、辽、金社会中有着广泛深刻的佛教及民间信仰、民间风俗基础，是佛教诸多宗派乃至释、道、儒三教相互融合的产物。文殊、文殊圣化老人、佛陀波利以及于阗王、善财童子所组成的“文殊五尊”，在“众圣潜灵”世界中，成为被朝野民众信仰崇拜的度亡灭罪、拔救幽冥乃至延寿集福、接引众生的重要拯救力量，反映了文殊信仰及其造像在宋、金之际的发展演变，也是研究宋、金造像及佛教的重要实物依据。

2.“倒坐观音”造像

岩山寺位于五台山北麓，宋代已有寺院存在，此寺现存文殊殿建于金代。此文殊殿内壁画，于金大定年间（1161—1189）由宫廷画师绘制，为金代寺院壁画遗存中的典范作品。此殿佛坛扇面墙正面（南面），原塑有骑狮文殊、善财童子、于阗王、文殊圣化老人、佛陀波利组成的“文殊五尊”及两侧护法天王像，但现在文殊像已毁，仅剩坐骑青狮，善财童子、佛陀波利及佛坛东南角天王已毁，仅存圣化老人、于阗王及佛坛西南角之天王。

扇面墙后(北面)，原来塑有坐于沧海之上的水月观音、善财、龙女、护法等像，现在善财、龙女、海水造型及一身护法已毁，仅剩倒坐观音一身及东北角护法两身。

五、元

有元一代，由于皇帝、朝廷的大力扶持以及藏传佛教传入，五台山佛教进入一个新的阶段，其造像亦有了新的题材内容和样式风格，主要反映在以下几个方面：

一是藏传佛教的题材及样式传入五台山，成为僧侣、信众崇奉的新偶像；二是作为元代皇家重要道场，用于护国镇土、佑邦安民的造像题材及样式，在五台山亦出现了新的内容和形式；三是一些造像样式风格，取自游牧民族的衣饰、面相，造像风貌与传统的汉地造像以及新传入的梵像、藏像，有较明显区别。四是汉传佛教的主要、重要造像，依然保持了原有的题材及样式，但一些局部或细节，已经出现了调整、创新或融合。

1.藏传护法大黑天造像

早在元世祖忽必烈在位的至元年间（1264—1294），由于藏传佛教高僧胆巴应元世祖之敕命驻锡五台山寿宁寺，藏传佛教的重要护法天神摩诃伽剌造像亦随之出现在五台山，并迅速成为汉藏僧侣及皇族、平民各界共同信仰、敬奉的佛教尊像。元代风靡朝野的大黑天造像及崇拜，可能最早亦由五台山向京城乃至全国传播。赵孟頫《大元敕龙兴寺大觉普慈广照无上帝师碑》记元代著名藏传佛教高僧胆巴经历云：“……至元七年（1270），与帝师巴思八俱至中国……帝师告归西蕃，以教门之事属之于师。始于五台山建立道场，行秘密咒法，作诸法事，祠祭摩诃伽剌，持戒甚严，昼夜不懈，屡彰神异，赫然流闻。自是德业隆盛，人天归教，武宗皇帝、皇伯、晋王及今皇帝、皇太后，皆从受戒法，下至诸王将相，委重宝像。”《佛祖历代通载》卷二十二亦载：“……巴入中国，诏居五台寿宁。壬申（至元九年，1272）留京师，王公咸禀妙戒。初天兵南下，襄城居民祷真武。降笔云：有大黑神，领兵西北来，吾亦当避。于是，列城望风款附，兵不血刃。至于破常州，多见黑神，出入其家，民罔知故，实乃摩诃葛剌神也。此云大黑……元贞（1295—1297）……是年，遣使诏师问曰：海都军马犯西番，师于佛事中能退降否？奏曰：但祷摩诃葛剌，自然有验……未几，捷报至，上大悦。”

摩诃伽剌，亦称摩诃葛剌、玛哈嘎拉等，为梵语音译，汉译为大黑天。此尊天神，原为古代印度神话中的军神或战神，后被列入佛教，成为重要护法天神，甚至是大日如来降魔时所现忿怒相化身。唐神恺《大黑天神法》：“大黑天神者，胎藏界梵号云摩诃迦罗天，亦云大黑天神。用普印，三摩转形剑，青色三面六臂。前左右手横执剑，左次手执人头，右次手执羊牝。次左右象皮张背后，以髑髅为璎珞也……大黑天神，斗战神也。若礼彼神，增其威德，举事皆胜，故嚮祀也。”此密教护法天神，除上述三面六臂之相外，还有四臂、二臂之相，均为忿怒之形。惜胆巴国师在五台山寿宁寺所造像早已毁而无存。五台山现存大黑天造像，均为元以后所塑绘。

2.“天党护法”之背光诸天造像

五台山南山寺为元成宗铁穆耳为其母徽仁裕圣皇太后建造的皇家寺院，亦为元代著名的护国道场。建成之际，敕名为“万圣佑国寺”。此寺建筑及其内造像，均出自尼泊尔著名建筑及造像大师阿尼哥之手。五台山万圣佑国寺建成后，其内造像成为京师等地敕建寺院模仿之样本。《元代塑画记》：“武宗至大三年（1310）正月二十一日，敕虎坚帖木儿丞相，奉旨新建寺后殿五尊佛，咸用铜铸。前殿三世佛，四角楼、洞房诸处佛像以泥塑，仿高良河寺铸铜番竿一对。虎坚帖木儿、搠思吉、月节儿、阿僧哥，洎帝师议，依佛经之法，拟高良河并五台山佛像从其佳者为之。”

南山寺极乐寺大雄宝殿正中坛上所塑“释迦拈花”像，为元代万圣佑国寺唯一遗存造像，此像虽经后世多次补塑、重装，仍保持着元代造像基本面貌风格。作为佛殿，此殿像设格局较为特殊，五开间大殿，仅当心间置佛坛，且佛坛上仅塑释迦造像一身，左、右两侧塑迦叶、阿难二弟子像各一身。此释迦造像塑绘极其精致细腻，层雕缕琢，繁富华丽，背光尤甚。背光上，除有海螺、法轮、宝伞、金鱼、宝瓶、白盖、莲花、盘长组成的藏传佛教常用“八吉祥”图案，以及巨象、祥麟、雪山狮等“捧座”图案外，还雕镂有毗卢遮那佛、文殊、普贤组成的“华严三圣”像三身，金翅鸟及两龙子三身，以及大梵天、帝释天、日天、月天、大辩才天、摩利支天、功德天、鬼子母天、摩羯龙王、焰魔天、大黑天、金刚窟庥天、韦陀天、散脂大将天等诸天十六身。从诸天左右对称塑置看，背光上原来还似有诸天数身，但现已缺失无考。

五台山万圣佑国寺“拈花”世尊背光之上诸天造像，主要出自天台、华严两宗忏仪。天台忏仪的经典根本依据为《金光明经》，此经与《法华经》《仁王经》一起，共为凡、释及朝、野共同推崇的“护国三经”。《金光明经》因诵持此经即可有四王、二十八部、诸鬼神等诸天佑世护国而广为流布。天台宗实际创始人智顗在《金光明经文句》中，将此诸天护国概括为“天党护国”，智顗还极力劝导朝廷、国家弘传此经，并将此概括为“由国弘经”。

华严忏仪之弘经护国目的亦非常明确。净源《首楞严坛场修正仪》之《忏悔贞愿第八》：“……奉持神咒，救护世间，得大无畏，天龙欣庆，风雨调顺，五谷丰殷，兆民富寿，圣帝明王，恩威兼被，五侯百辟，忠孝咸敦。”

3. 香水海、大莲华及毗卢遮那佛造像

有元一代，五台山华严宗颇盛。故有僧人依《华严经》，塑绘华藏世界香水海以及毗卢遮那佛等于海中大莲花之上的造像。镇澄《清凉山志》卷三《高僧懿行》：“元华严菩萨，讳正顺，尉州高氏子。生而颖悟，志脱垢尘。父母不忍拒，送诣台山寿宁用公座下，祝发披缁，依年受具……世称华严菩萨。尝建华藏阁，下为海水，出大莲华，毗卢金像，坐莲华上。每对佛禅观，三五日方起。大元皇太后，三诏不赴。授五路总摄之职，固辞不受。成宗幸山，大加礼重。”佛驮跋陀罗译《大方广佛华严经》卷三《卢舍那佛品第二之二》：“诸佛子！

当知此莲华藏世界，是卢舍那佛本修菩萨行时，于阿僧只世界微尘数劫之所严净……最上风轮名胜藏，持一切香水海。彼香水海中，有大莲华，名香幢光明庄严，持此莲华藏庄严世界海……”

4. 五台山现存造作时间最早的“华严三大士”造像

五台县广济寺大雄宝殿扇面墙后元代塑置的观音、文殊、普贤，肯定不是“华严三大士”的首创遗存，却是现在五台山地区遗存的造制时间最早的“华严三大士”造像。进入明、清后，五台山及周边地区“华严三大士”造像快速增加，现在仍遗存不少。如五台山塔院寺大慈延寿宝殿、显通寺大雄宝殿、太原市崇善寺大悲殿等处遗存的明清“三大士”造像等。现存最早“华严三大士”造像，为太原天龙山第9窟弥勒佛下方的观音、普贤、文殊之唐代造像。

“华严三大士”造像，与“华严三圣”“新样文殊”至“文殊五尊”等造像一样，是华严体系造像为适应社会历史变化和需要，进行的又一次造像调适。同时再次证明，在整个佛教观念、信仰乃至思想文化发展演化进程中，以语言文字为载体的经、律、论和以塑像、绘画为表现形式的佛、菩萨造像，都以各自不同的方式及内容发挥着作用。尽管在大多数情况下，经、律、论等佛教经典，是佛、菩萨等佛教造像的依据和出处，但在某些特定时期和领域，佛、菩萨等造像，又先于甚至超越经典，对某些具体信仰、观念乃至宗派地位、影响进行调适或补充。

5.“华严三大士”的少数民族特征

五台县城广济寺，始建于元至正年间，现有佛殿及其内造像，为元代遗存。佛殿内佛坛有“华严三圣”及二弟子、护法天王等造像。佛坛扇面墙后，则塑观音、文殊、普贤“三大士”像。此“三大士”亦可称为“华严三大菩萨”。李通玄《新华严经论》卷四：“是故，如来治次而发明：普贤为相，主万行；观音为大悲之首，治凶险，为上将；文殊为觉蒙之首，常为接信之师。互融交参，以持佛家之法。皆令众生住于逆处恬和之性，智慈益物。”三身菩萨均不戴菩萨冠，长发不扎辫，亦不束髻，自然垂下，仅于发上束发箍一圈；上身或天衣、璎珞，或铠甲、披帛，下身皆短裙、长裤，双膝俱用“缚裤”束绑；神情刚毅，鼻梁高挺而鼻头尖凸。衣饰、面相，北方游牧民族特色浓重，与汉地“三大士”造像以及藏传佛教菩萨造像，均有明显区别。

北京故宫博物院藏有明人临摹元代著名宫廷画师周郎所绘《佛郎国献马图》，所绘画面为元至正二年（1342）元顺帝在元大都接受罗马教皇派使节进献佛郎国马的盛事。图中，佛郎国使节手牵体型高大的乌黑骏马，神情谦恭。元顺帝顶笠耳貂端坐于榻。元顺帝右前侧绘两身袖手恭立的文臣。元顺帝身后，则绘四身侍者，其中两身为手拈毛笔、册页等物的嫔御侍妾，一身为手捧砚台的官婢，一身为执巾的宦官近臣。值得注意的是，元顺帝身后三身女性侍从中，两位身份较高的嫔御侍妾均云髻高挽，并饰有金银簪篦等华美头饰，而身份较低的捧砚官婢则与五台县城广济寺佛坛扇面墙后“三大士”相似，头发不扎辫、不挽髻而自然下垂，仅用一条发带似的饰物扎成圆圈于头顶将垂发上部束紧。

五台县广济寺大雄宝殿佛坛扇面墙前所置“华严三圣”像中的文殊、普贤二像，均璎珞天衣、花冠宝缯，显示了文殊、普贤作为华严体系首席菩萨的崇高地位，但此殿佛坛扇面墙后所置观音、文殊、普贤“三大士”造像，其发式、头饰所属等级却较低。这一高低有别的发式、头饰，是塑工仅为借鉴、吸收北方少数民族女性发式、头饰为之，还是反映了有元一代对观音、文殊、普贤三位菩萨尊格、地位乃至功用的多样化或特殊化的理解与诠释，则有待做进一步的梳理、考证。

六、明

有明一代，藏传佛教高僧葛哩麻、实哩沙哩、释迦也失等备受朝廷礼遇，多次被诏居五台山研习弘传佛法，藏传佛教僧人也不断入五台山巡礼求法，五台山汉藏佛教并存、并重之特点更为明显。汉藏、显密并存和并重，亦为这一历史时期五台山佛教造像之显著特色。

1. 汉藏造像并存

圆照寺始建于元，寺院落成后，敕名为“普宁寺”。元至大二年（1309）正月，元武宗之母元圣皇太后曾亲临此寺做佛事。明宣德元年（1426），国师实哩沙哩示寂后，明宣宗敕将其舍利分藏三处，其中一处即五台山普宁寺。明天顺二年（1458），明英宗朱祁镇扩建此寺，不仅将寺名更改为“圆照”，而且将此寺改为汉、藏僧人共同驻锡研习的寺院。《皇帝敕谕五台山僧俗人等碑文》：“……今以五台山新建寺宇，敕赐名曰‘圆照’……天顺二年（1458）五月二十八日。”《皇帝敕谕山西五台山圆照寺文》“……朕惟如来之教清静圆明……今仍令尔班麻孤麻啰代忙葛罗不辣加为都纲，住持圆照寺，与僧录司右觉义同铃澄存，同率所在汉番僧徒自在修行，上为国家祝厘，下为生民祈福。凡本山寺宇法像，遇有损坏者，俱听尔等自行提督修理。一应官员人等，不许生事欺扰，沮坏其教，违者罪之。故谕。天顺二年（1458）（宝）五月二十八日。”既是汉、藏僧人共驻同修寺院，其内造像亦应为汉、藏造像并存。因宗派及所本经典不同，且其时为汉、藏佛教并存于同一寺院初期，诸多事宜需要磨合，故在殿宇、法像修葺及设置上，汉、藏僧人似有过不同意见，甚至较激烈争执，故最后不得不由明英宗朱祁镇亲自在敕谕中布置平息。自此后，“凡本山寺宇、法像，遇有损坏者，听尔自行提督修理”云云，几乎成为有明一代皇帝敕谕五台山诸寺训令之中的必有词句。明弘治十三年（1500），圆照寺发生火灾，部分殿宇被焚，当时部分造像亦遭焚毁，但此寺至今仍保持汉、藏造像并存格局，如大雄宝殿造像题材样式属汉传佛教，都纲殿则属藏传佛教。

2. 密教梵相

元、明两代，由于朝廷推重西域高僧及藏传佛教，再加上阿尼哥“艺绝古今”的“梵式”造像风靡一时，故有明一代，五台山密宗虽然式微，但密教题材及梵式造像，不但未曾匿迹，反而在一些名刹大寺乃至皇家寺院兴盛一时。清工布查布在其所译《佛说造像量度经》曾说：“今中土之佛像，有所谓汉式者，有所谓梵式者。其所谓汉式者，则汉武北伐匈奴，得休屠金人，安置于甘泉宫，孝明西迎沙门，受幢像，创建洛都寺宇，其后渐盛遍蔓。自晋魏（北朝）六朝以至于宋，代与西国通和，公私往来，时时不断，故多得西国佛像。而唐之元（玄）奘法师，遍历五竺境，共十有七载，瞻礼世尊过化之地，综通其声教，《大般若》等经千有余卷，金玉佛像百什余躯，俱以大象载归。其像之精妙，皆阿育王等所造者焉。盖自汉代以来，凡欲造佛像者，皆取西来像为模，工行家，祖述相传，此所谓汉式者也（或以谓唐式）。而其所谓梵式者，元世祖混一海宇之初，彼波罗国匠人阿尼哥，善为西域梵像，从帝师巴思八来……以工巧称。而其门人刘正奉，以塑艺驰名天下，因特设梵像提举司，专董绘画佛像，及土木刻削之工，故其艺绝于古今，遂称为梵像。此则所谓梵式者也。”《元史》卷二百三《方技传》亦记：“有刘元者，尝从阿尼哥学西天梵相，亦称绝艺……至元中，凡两都名刹，塑土、范金、抟换为佛像，出元手者，神思妙合，天下称之……其所为西番佛像多秘，人罕得见者。”概括而言，中土造像之所谓“汉式”者，主要是指题材内容以大乘经为依据，而样式风格以犍陀罗乃至笈多造像为范式的造像模式和样式；而所谓"梵式"者，则主要是指题材内容多出于密教典籍，而样式风格则多以帕拉乃至尼泊尔佛教造像、藏传佛教造像为模版的造像模式和样式。

五台山明代密教梵式造像，主要有显通寺千钵文殊殿所置十一面千手千钵文殊铜像，铜殿内置万佛围绕骑狮文殊铜像，以及金阁寺大悲殿所置三面四十二臂观音菩萨立像等。这些像，均细腰宽肩，花冠宝缯，上身裸露，天衣披帛，璎珞宝钏，梵相特征明显，为五台山明代造像精粹。

3. 显密或汉藏一体造像

有明一代，五台山一些寺院出现了主尊塑像为汉传佛教题材样式，而背光图案却为密教或藏传佛教题材样式的造像。

五台山碧山寺，始建于北魏，明成化、弘治、嘉靖年间，均对此寺进行过较大规模的重建、扩建和修葺。此寺雷音殿内正中塑毗卢遮那佛及大梵天、帝释天诸像，两山及后檐墙内侧则塑置十二圆觉菩萨等像。此殿毗卢遮那佛端坐于仰覆莲台之上，面相端正庄严，双手结于胸前，作毗卢遮那印。此佛身后背光精细华丽，除雕镂有一佛、二菩萨及金翅鸟等图案外，还有两臂、四臂、六臂等忿怒相护法天十二身。

五台山殊像寺始建年代不详，明弘治年间有过大规模重建、扩建。此寺大文殊殿中央遗存有明代塑置的骑狮文殊像一尊，文殊端庄秀气，青狮威武雄健，亦为明代五台山造像之精品。此身骑狮文殊像后莲瓣形背光极为华美精致，背光顶端雕镂有藏传"十相自在"图案；背光上端两侧，有藏传佛教海螺、法轮、盘长、双鱼等"八吉祥"图案；背光下部两侧，则雕镂有雪山狮、巨象、祥羚等藏传佛教背光常见之"捧座"灵兽。

4. "上生信仰"与"下生信仰"合一的"弥勒佛菩萨"造像

弥勒信仰分"上生信仰"和"下生信仰"，前者是关于弥勒菩萨在欲界第四天兜率天为众说法、引渡众生的信仰；后者是关于释迦佛入灭后，弥勒菩萨在龙华树下成佛而为大众说法的信仰。

大致而言，北朝弥勒"上生信仰"盛行，故敦煌、麦积山及云冈、龙门等北朝造像中弥勒菩萨颇为常见；但进入隋唐后，尤其是到盛唐时，弥勒"下生信仰"进入鼎盛期，弥勒佛成为弥勒造像中的新宠。北朝及隋唐的弥勒菩萨与弥勒佛造像，两者所依据经典不同，所承载和所喻示的“像教”内涵不同，造型样式上的区别亦非常明显。

五台山碧山寺藏经阁明代所置弥勒像，与前代所置不同之处，就在于此像将属“上生信仰”的弥勒菩萨与属“下生信仰”的弥勒佛合二为一，即此弥勒像头戴五叶菩萨花冠，上身着披帛、络腋，项饰璎珞，腕配宝钏，具备传统上弥勒菩萨造像典型特征；但此身弥勒造像，又双足下垂，倚坐于金刚须弥座上，同时具备唐以来弥勒佛造像的典型特征。故此身造像，应当是明代五台山佛教造像出现的一个新题材和新样式，即用一身造像同时表现弥勒“上生”和“下生”信仰以及弥勒菩萨与弥勒佛合体的“弥勒佛菩萨”造像。

5. 悬塑

悬塑，又有壁塑、影塑等称谓。宋邓椿《画继》卷九《杂说》：“旧说杨惠之与吴道子同师，道子学成，惠之耻与齐名，转而为塑，皆为天下第一。故中原多惠之塑山水壁。郭熙见之，又出新意，遂令圬者不用泥掌，止以手抢泥于壁，或凹或凸，俱所不同。干则以墨，随其形迹，晕成峰峦林壑，加之楼阁、人物之属，宛然天成，谓之影壁。其后作者甚盛。”据此，则可称悬塑为产生和发展均在中土的“中土式”塑绘表现形式或手法。

五台山宋、金、元等时期的悬塑已毁而不存，但明代的悬塑遗存却有多处，且有很高艺术水准。如殊像寺两山及后檐墙内壁上端，上塑崇山峻岭、沟壑泉林、道路桥梁、梵宇宝刹，衣着、神情、持物、姿态迥然不同的五百罗汉，星罗棋布置身于其间，为明代悬塑精品之作。

繁峙县公主寺毗卢殿两山及后檐墙内壁上端，亦塑置山岳式悬塑，山岳之间则又塑有《佛传》故事等题材内容的人物、场景及情节。圆照寺大雄宝殿两山内壁上下塑山岳洞窟式悬塑，洞窟中塑有多身菩萨及罗汉小型彩塑造像。

七、清

有清一代，顺治、康熙、雍正、乾隆、嘉庆等皇帝，对文殊道场五台山十分重视，均把此山佛教作为联结汉、藏佛教，乃至满、汉、蒙、藏诸民族的桥梁与纽带予以护持。清代，是五台山藏传佛教在古代最为兴盛之时期，亦是五台山作为汉、藏佛教并存圣地之地位和功能最受朝野、僧俗诸界重视之时期。

清代五台山佛教造像，有两大显著特点，一是藏传佛教造像与元、明等前代相比，题材内容和样式风格，均更为丰富、系统和完备，且规模、数量大为增加；二是文殊菩萨造像，无论题材，还是形式，更为丰富多样，多元化、个性化特色愈加明显。

1. 藏传佛教造像

清初，五台山台内、台外较为重要寺院约一百处。老藏丹巴《清凉山新志》卷二《伽蓝》："台怀佛刹，凡六十四……台外佛刹，凡三十六。"到清中叶前后，由章嘉呼图克图管辖的藏传寺院，主要有镇海寺、普乐院、善财洞、广化寺、文殊寺、金刚窟等六处；由扎萨克大喇嘛管辖的藏传寺院主要有菩萨顶、罗睺寺、广仁寺、台麓寺、慈福寺、普寿寺、集福寺、寿宁寺、圆照寺、三泉寺、三塔寺、宝华寺、涌泉寺、观音洞、普庵寺、南阁庙、鱼耐庵、铁瓦寺等二十一处。上述二十七处藏传寺院，绝大部分都属"台内"寺院，约占到当时"台内"寺院总数的四成。藏传佛教于清代在五台山之兴盛，由此可见一斑。《重修广济寺碑记》："……古者圣王之治天下也，神道设教之所不废，其用归于使人为善而已。况乎覆旦之墟，为文殊师利显应之所。为大孚灵鹫、真容塔院诸寺，莫不历传千载，雄居山台。今青衣僧虽极零落，尚有十六寺之名，顾山城中衹此名刹，竟可听其久废而不知兴乎？……大清乾隆己亥……"此碑刊立时间为乾隆己亥（1779），从另一角度反映了有清一代五台山藏传佛教及其寺院的兴盛，以及汉传佛教及其寺院的相对落寞。

按规制，这些藏传寺院造像，绝大多数应当属于藏传佛教的题材和样式，就现有遗存看，五台山清代藏传佛教造像比较集中的寺院，主要为菩萨顶、广仁寺、罗睺寺、镇海寺等寺院。

藏传佛教与汉传佛教，虽同属大乘佛教，但明清之际，汉密已式微，汉传佛教以显宗为主，故其造像之题材样式相对简洁、明了；但这一时期之藏传佛教，虽称显、密并重，但密宗比重却较显宗为重，至少造像如此，故其造像题材样式，亦较汉传佛教丰富、复杂，这主要体现在以下几个方面：

一是藏传佛教神祇体系，远较汉传佛教复杂。如清三世章嘉所编《三百佛像赞》，将佛教造像分作："上师类""本尊类""佛类""菩萨类""声闻缘觉类""勇士空行类""护法类"等七个部类。清章嘉呼图克图所编《诸佛菩萨圣像赞》则将造像分作："般若祖师""秘密祖师""菩提道祖师""大秘密佛""诸样秘密佛""五方佛""诸祥佛"等二十三部类。十九世纪流传于蒙古藏传佛教信众中的《五百佛像集：见即获益》更将造像分作："宝生百法"之"初起尊""无漏如来""曼陀罗主尊""金刚亥母""圣观音""圣度母”“金刚手”“不动金刚”“长寿尊”“智慧尊”“金刚座五守护尊”“调伏母”“其他诸尊”“传承诸尊”“所说二十一度母”“财宝尊”“大黑天”“具善大黑天”“其他大黑天”“吉祥天母”“阎摩和阎咪”“结束尊”及“纳塘百法”之“佛部”“莲花部”“金刚部”“宝部”“般若部”等更复杂部类。

二是“一神多身”，使得藏传佛教同名同尊造像，较汉传佛教更为复杂。明清之际，汉传佛教造像，除少数尊像题材外，“一神多身”亦存在，却并不多见，如“三十三观音”等。但在藏传造像中，却较为常见，如《五百佛像集：见即获益》之“财宝尊”，所列多闻天王，竟有“黄色多闻天王九尊”“红戟蓝马多闻天王”“持金刚锤黄色多闻天王”“红色妙舞多闻天王”“妙语庞身多闻天王”“雄猛多闻天王”“骑蓝马黑色多闻天王”“保寿白色多闻天王”“深密四种印契多闻天王”等近十身。汉传文殊，骑狮文殊说法像为常见，但藏传造像却有一髻、五髻、八髻等诸髻文殊，二臂、四臂等诸臂文殊，红、黄、白、黑、蓝等诸色文殊。汉传普贤，乘象说法、持经像较为常见，但藏传造像中还有法身普贤，双身普贤，蓝、白、黄、青、红等诸色普贤。

三是异形造像。藏传佛教尊像造型，亦较汉传佛教更为复杂。汉密造像，亦多异形，但至明清，汉密衰落，仅剩十一面千手千钵文殊、三面四十二臂观音及十大明王等像。但藏传造像中，多首、多目、多臂、多腿等异形造像却颇为常见。如三面八臂之尊胜佛母、三目六臂之大黑天、三首六臂四腿之撅金刚等等。

入清之后，藏传造像还有一个特点，即尺寸量度的标准化和精准化。这与清乾隆年间工布查布译出《佛说造像量度经》后在藏传佛教造像中大为流行有直接关系。《佛说造像量度经》之《造像量度经引》：“昔如来以宿因三十二种大功德圆满，具足三十二妙相，而净息凡夫八十种妄想，因全备八十种随形好，示应化一切润严者也。此其妙胜庄严，岂可以无师之学，谬为增损者哉？盖具几分之准量，即凝注几分之神气。有神气之力，以能引彼从生之爱敬心。因以其爱敬心之轻重之分，因而获其摄受利益之大小。此乃天理之自然也。经云：量度不准之像，则正神不寓焉。此岂工人之所易任者乎？然则，尺寸量度之轻重务明矣。”依据量度的标准化和精细化造像，固然在很大程度上解决了佛教造像中存在的随意乃至粗糙等问题，但却在另一方面也将造像引入了程式化、刻板化、雷同化，进而缺乏生气、创意的境地。

2. 藏传祖师造像

此题材造像在五台山清代寺院甚为常见，如宗喀巴、阿底侠、米拉日巴等置为主要像设崇奉宗师。菩萨顶大雄宝殿、罗睺寺大雄宝殿等众多佛殿三世佛下方，均置奉头戴黄色尖顶班智达僧帽的格鲁派创始人宗喀巴大师及其弟子嘉曹杰、克珠杰尊像。广仁寺则专置宗喀巴大师殿。殿佛坛正中主像为宗喀巴大师，而佛坛左侧主像为释迦牟尼佛，右侧主像则为释迦太子像。宗喀巴两侧胁侍是嘉曹杰、克珠杰二弟子像。

公元 10 世纪至 11 世纪，在朗达玛王“灭法”后，重新恢复藏传佛教的阿底侠尊者，亦是清代五台山藏传寺院置奉的祖师尊像之一。如广仁寺弥勒殿佛坛正中主像塑置弥勒菩萨像，左侧主像则为阿底侠尊者，右侧主像为宗喀巴尊者。

藏传佛教葛举派米拉日巴等祖师造像，有清一代在五台山亦有置奉。至今，慈福寺米拉日巴殿中，仍遗存有清代所塑于山洞苦修之米拉日巴尊者造像。

3. 藏传明王、佛母造像

清代五台山藏传寺院中，明王、佛母造像十分普遍，如广仁寺护法殿内，即塑有大威德明王、马头明王、金刚夜叉明王、狮面佛母、吉祥天母等像多尊。

4. 藏传文殊菩萨、度母及观音造像

文殊题材及造型多样化，是清代五台山藏传佛教造像的一大特色。菩萨顶西配殿之执剑文殊、大文殊殿之六臂文殊，镇海寺文殊殿之比丘文殊，广仁寺后殿之四臂文殊、智慧文殊、无垢文殊，以及菩萨顶所置黄文殊，罗睺寺所置白文殊等，均使清代五台山文殊造像题材、样式呈现出了多元化和多样化特色。

有清一代，度母造像，尤其是白、绿二度母造像，在五台山藏传寺院中也十分普遍，镇海寺文殊殿、广仁寺后殿等殿宇中均有塑置。

此外，四臂观音、千手观音等像，在广仁等寺中亦颇常见。

5. 汉藏通用题材中的藏传佛造像样式风格

清代藏传与汉传佛教造像中，有不少题材属于汉、藏通用，如“横三世”“竖三世”等，但其样式风格，与同时期汉传造像有较明显区别。一是形体。如菩萨顶大雄宝殿中央佛坛释迦、阿弥陀、药师三尊主佛，皆宽肩厚胸，体态雄壮，藏、蒙少数民族男性体态、面相特征明显。二是螺发。受工布查布《佛说造像量度经》影响，清乾隆后，佛像肉髻螺发普

遍高耸，藏传造像尤为明显。《佛说造像量度经》对佛像肉髻螺发量度规定如下："高起如髻，形似积粟、覆瓯，高四指，由其根下至发际之分量，亦如四指也。若胎偶，则多得半指。"故菩萨顶等寺院佛殿中，佛造像题材尽管与汉传造像相同，但佛顶肉髻螺发要较汉传寺院高峻许多，且髻顶大多又有髻珠庄严。

广仁寺后殿（弥勒殿）佛坛正中所置弥勒菩萨，头戴五佛金冠，耳佩硕大耳珰，胸前满饰瓔珞，双肩上置肩花，左肩为宝塔式净瓶，右肩为桃形时轮，眉眼细长，眸黑膜白，鼻梁高峻，完全为藏化"梵相"样式风格。

此外，如罗睺寺开花献佛殿二层楼上的长寿佛等，亦为藏传寺院较常见题材、样式。

6. 五方文殊造像

五台山东、西、南、北、中五座台顶，各置一身文殊像，始于隋开皇元年（581）。但自此至清乾隆年间，各种文献、碑幢所载，五座台顶所置文殊像名，并无东台聪明、南台智慧、西台狮吼、北台无垢、中台孺童之区别，皆通称文殊菩萨像或文殊师利像。

现在的五方文殊中的个别名称，最早出现已到清乾隆二十六年（1761），但并非是五座台顶的五方文殊俱全，而且是无垢文殊与孺童文殊同于一处置奉。五座台顶之"五方文殊"或"五顶文殊"，今所见最早文字记载，是乾隆五十一年（1786）清高宗弘历第五次巡幸五台山而作《登黛螺顶》诗句："供养五台曼殊像，阇黎疑未识真宗。"乾隆皇帝前四次巡幸五台山，分别是乾隆十一年（1746）、十五年（1750）、二十六年（1761）、四十六年（1781），此四次登台，题诗、刻石亦颇多，但均未见"五方文殊"记载。故知，五台山"五方"或"五顶"文殊形成时间应在乾隆四十六年（1781）至五十一年（1786）之间，其原因不排除为方便乾隆皇帝礼拜五顶文殊，而用"小朝台"代替"大朝台"。当然"五方文殊"造像出现的另一个重要背景应是密教、藏传佛教中文殊尊像的多样化。

"五方文殊"造像制置之始，应无准确对应的佛教经典依据，故其尊像所承载的"像教"寓意亦并不明确和稳定。对此题材造像内涵及寓意给予较明晰和较系统阐述的，是清浙江举人钱棫。他在《西巡盛典》卷二十一《歌颂》中，将"五方文殊"所各自具有的殊胜功德，与帝王俭德、教德、文德、武德、智德等"五德"打通，使之成了皇帝在用物、教化、弘文、振武及基本思维等方面原则、方略、境界和源泉的载体。

五台山显通寺文殊殿佛坛中央置大智骑狮文殊木像。此像左、右两侧，又置南台智慧文殊、北台无垢文殊像；正中下方佛台，置中台孺童文殊像；孺童文殊左、右两侧，再置西台狮子吼文殊、东台聪明文殊像。此文殊殿重建于清乾隆十一年（1746）。从造像样式风格看，此殿佛坛中央所置大智文殊木像，应为明代造像遗存，但其余“五方文殊”之五身造像，却应是清乾隆五十一年（1786）之后的造像。因黛螺顶清代所塑“五方文殊”尊像，已在二十世纪寺院修葺时移至五台县西坡村五台寺置奉，故显通寺文殊殿此组“五方文殊”像，应为台怀镇寺庙群目前遗存最早的一组“五方文殊”造像。

7. 带箭文殊造像

此带箭文殊菩萨塑置于菩萨顶大雄宝殿院的西配殿中。文殊像通体呈金色，结跏趺坐于白狮所驮莲台上，头戴五叶冠，上饰宝相花及宝珠；额际及两鬓边头发呈靛色，于耳后以红色宝缯束辫，发梢分三股搭于双肩，宝缯飘带在两耳侧卷曲飞扬；面庞长圆，额际间有白毫；双目半启，俯视前方，下巴圆润凸起，双耳狭长；双肩穿披帛，帛带自身体两侧垂在狮子身上；双手置于胸前；身躯两侧各有一肩标，呈莲花状，枝蔓较多；左侧肩标上为一函经书，右侧肩标上为一柄长剑。在此文殊菩萨塑像前，还置一枝长箭，箭羽为白色，箭杆呈黄色。

据镇澄《清凉山志》卷四《李靖射圣传》记载：“唐雁门太守李靖，其在京时，先亦尚释。后见僧犯非法，即怒，志灭其教。及任代，大废佛寺。因猎，纵马中台之野，见僧与妇共浴于池，靖大怒，援弓射之。望之，袒一肩，东南而去。追之数步，不及，追至真容院，见文殊、普贤二像，带其箭。靖乃悔泣，礼谢而去。”

五台山当地还有传说：康熙帝从北台进香归来，见妇女们在池边洗衣裳，却有一和尚在池内裸体而浴，甚为不雅，康熙怒而射之，箭中其右肩，和尚带箭而逃。康熙循血迹追及菩萨顶，发现箭插在文殊菩萨右肩上，方才恍然大悟：文殊幻象，与民共乐。射汝，吾之错也。遂敕封该殿为“带箭文殊殿”，塑像名“带箭文殊”。

但此“带箭文殊”造像，却因近年于此殿中新置造像而不存。

8. 其他多样化文殊造像

明、清两代，是五台山文殊造像最为多样化、个性化的时期。明万历年间所建显通寺千钵文殊殿，即于其中塑置面目沧桑、胡须满腮的骑狮比丘文殊像，以及同样年龄、相貌的乘象比丘普贤像。入清后，镇海寺文殊殿亦塑置有络腮胡须的比丘文殊结跏趺坐像。

入明后，除藏传寺院菩萨顶塑置有黄文殊、罗睺寺塑置有白文殊外，汉传寺院显通寺还塑置有绿文殊，殊像寺塑置有蓝文殊，塔院寺则塑置有红文殊，共称“五色文殊”。

八、民国

清末至民国初年，五台山一些寺院仍造像不止，但主要集中在南山寺住持普济和尚等人所修葺、扩建的十八处寺院中，如南山寺佑国寺雷音殿、龙泉寺大雄宝殿及文殊殿等。此时期一些造像可能受“人间佛教”等理念的影响，在面相神情上一改以往神圣、神秘、庄严、静穆等样式风格，变得平凡朴实起来，甚至颇带人间烟火气息，如南山寺极乐寺大雄宝殿内的石雕送子观音像和文殊菩萨像，碧山寺护国戒坛殿民国年间所造释迦牟尼降魔成道玉雕像等。

九、五台山佛教塑像的特色与价值

1. 遗存的漫长历史跨度及遗存数量庞大。目前，仅五台山台内寺院就保存有唐、五代、宋、金、元、明、清及民国八个历史时期的泥质彩塑、夹苎塑像及玉、石、木、金、铜、铁等多种材质塑像，大小共计 14.6 万余尊，从唐建中三年（782）至民国三十八年（1949）的近 1200 年中，代代有存，无缺遗脱代，堪称中国古代、近代佛教塑像遗产之宝库。

2. 题材样式的唯一性和先创性。如五台山南禅寺大佛殿唐塑，为中原地区现存唐武宗“灭法”前塑置的仅有的一坛佛教彩塑造像，亦为中原地区遗存年代最早之佛教塑像。南禅寺正殿（大佛殿）于唐建中三年（782）塑绘的骑狮文殊及驭狮人于阗王、善财童子组合，为迄今发现的最早“新样文殊”，比敦煌莫高窟第 220 窟甬道北壁东侧后唐同光三年（925）所绘“新样文殊”早 143 年。佛光寺文殊殿所塑绘骑狮文殊于阗王、善财童子及文殊圣化老人、佛陀波利组像，亦为海内外所见最早的“文殊五尊”造像。文殊菩萨上身着螺旋形胸护铠甲，由主智文殊转变为“护国文殊”，亦最早见于五台山南禅寺大佛殿。南禅寺大佛殿善财参拜摩耶夫人造像中，遗存有国内仅见的一组菩萨与天王牵手塑像。佛光寺东大殿于唐大中十一年所塑胁侍菩萨等像，为国内唯一遗存的具有由唐之丰满向宋之清瘦过渡特点和“周家样”特色的彩塑实物。广济寺之观音、普贤、文殊“三大士”像，为国内罕见容貌、头饰、衣着等均具北方游牧民族特色的菩萨造像，且为五台山地区最早的“华严三大士”造像遗存。碧山寺藏经阁明代所置弥勒造像，则是国内甚为少见的弥勒“上生信仰”和“下生信仰”相结合的弥勒佛菩萨造像。五台山殊像寺文殊殿佛殿正中所置骑狮文殊，与后檐墙两侧所置阿弥陀佛、药师佛造像，是佛陀波利《佛顶尊胜陀罗尼经序》中所述“如来灭后，众圣潜灵”的“无佛世界”中，文殊师利作为唯一存在的“准佛教主”，在清凉山中教诸菩萨、救度众生的典型像设案例。在通常情况下，居于右位的阿弥陀佛，与居于左位的药师佛，居于中位的释迦牟尼佛，共同组成“横三世佛”的像设结构，阿弥陀、药师二佛亦与释迦佛置于同一横线之上，而不“隐身”于后。

3. 文殊造像的独特性和多样性。五台山作为中国古代及近代著名文殊道场，文殊塑像之独特性、多样性以及先创性，亦为其造像特色之一。如五台山五座台顶及众多寺院塑置聪明、智慧、狮吼、无垢、孺童“五方文殊”；广仁寺塑红文殊、黄文殊，于罗睺寺塑白文殊等“五色文殊”；显通寺藏经殿塑奉甘露文殊，千钵文殊殿塑置老比丘文殊；菩萨顶带箭文殊殿置奉带箭文殊，大文殊殿置奉六臂文殊；镇海寺观音殿塑置头陀文殊；金阁寺大悲殿塑坐山文殊等。

4. 汉传与藏传佛教造像的并存与兼融，亦为五台山佛教造像一大特色。塔院寺大慈延寿宝殿建于明万历年间，殿内佛坛除塑有释迦、药师、阿弥陀“三世佛”及文殊、普贤、帝释天、大梵天等像外，还塑置白度母、绿度母等像。罗睺寺唐代为大华严寺十二院之一的善住阁院，以置奉“肉身”罗睺像著称，宋、明两代均有重葺，清康熙四十四年（1705），清圣祖玄烨敕二世章嘉修葺罗睺、寿宁、菩萨顶等十座寺院，并将此十寺改为藏传寺院，故此寺现存塑像汉藏、显密并存互融。此寺文殊殿佛坛正中塑骑狮文殊一身，头戴五佛冠，面相端严沉静，宝缯披帛，璎珞宝钏，结跏趺坐于狮背莲座之上，塑绘之样式风格，与汉传造像无别，但左右肩均置藏传文殊像标准肩标，左肩曲柄莲花上置两层经书，右肩曲柄莲花上置宝剑。此寺大雄宝殿佛坛塑置释迦、药师、阿弥陀“三世佛”，皆为汉传造像样式风格，但三身佛像前又置奉宗喀巴、嘉曹杰、克珠杰格鲁派“三大士”像；此寺藏经殿则将汉传净瓶观音像与藏传金刚萨埵等像，置奉于一起。像罗睺寺一样，汉藏造像兼容并置之寺院，于五台山寺院中并非少数，镇海、寿宁、菩萨顶以及塔院、显通、圆照诸寺皆如此，或汉式、藏式样式并列，或梵式、汉式风格兼备。明天顺二年（1458）所刊立《皇帝敕谕五台山僧俗人等碑文》中，明英宗朱祁镇在敕改“新建”普宁寺名为“圆照”时，曾针对本寺僧人如何对待汉番造像问题上有过谕示：“……今仍令尔班麻孤代葛罗不辣加为都纲，住持圆照寺……同率所在汉、番僧徒自在修行……凡本山寺法像，遇有损坏者，俱听尔等自行提督修理……”

5. 自北魏孝文帝以来，五台山众多寺院俱为皇家道场，故其造像亦具有规格高、质量佳之特色，不少造像为同一时期或同一题材造像中的精品典范或代表性作品。自北魏至清，共有九位皇帝十八次亲临五台山巡礼祈福，其中绝大多数朝代及皇帝均在五台山敕建、修葺寺院殿宇，并耗费巨资于其中塑置佛像。如唐大历二年（767），不空三藏奏请唐代宗李豫创建金阁寺，《旧唐书》载：“大历二年，造金阁寺于五台山，铸铜为瓦，涂金于上，照耀山谷，计钱巨亿万。另给中书符牒，令台山僧数十人，分行郡县，聚徒讲说，以求贷利。”圆仁《入唐求法巡礼行记》卷三：“……开金阁……壁檐椽柱，无所不画，内外庄严……斯乃不空三藏为国所造……”《广清凉传》卷中：“真宗皇帝御宇，景德四年，特赐内库钱一万贯，再加修葺，并建大阁一座，两层十三间，内安真容菩萨，赐额名‘奉真之阁’。”“先是，庆历至皇祐三年，朝廷三次遣使，颁降太宗、真宗、仁宗皇帝三朝御书，凡一百八轴……重建大阁一座，两层，凡一十三楹，于上置斗（㪷）宫分布，中楹安卢舍那佛像，周造万圣像，雕刻彩绘，备极工巧。”广宗寺正殿（铜瓦）等处尊像，则由朝廷于京城等地造就，再运抵五台山安奉。《修铜瓦殿碑文》：“昔先帝在御，尝為海内百姓祈福，许于五台山盖造佛殿，未就而龙驭上宾。今铜瓦佛殿佛像已完，尔敏请于五台山东顶盖造安奉……”如佛光寺东大殿之三十三身唐塑，南山寺极乐寺之拈花佛像，殊像寺之明代骑狮文殊，显通寺之明代千钵文殊，金阁寺之明代四十二臂观音等，均为同一时期或同一题材造像中的典范或代表作品。

北朝（386—581）

五台山佛教寺院塑像起源于何时，现已不可确考。据五台山有关山志记载，该山大孚灵鹫寺初创于东汉永平十一年（68），至北朝之际，已发展成为拥有寺院二百余座的佛教圣地。《古清凉传》卷上："爰及北齐高氏，深弘象（像）教，宇内塔寺，将四十千。此中伽兰，数过二百。又割八州之税，以供山众医药之资焉。"

北朝是一个佛教寺院造像兴盛的时代。但北周建德三年（574），北周武帝宇文邕下令"灭法"，五台山佛教寺院殿宇尽毁，故其时五台山佛教寺院中的塑像亦随此劫而湮灭。《古清凉传》卷上："遭周武灭法，释典凌迟，芳徽盛轨，湮沦殆尽。"

据五台山北朝寺院、造像遗迹，有关五台山寺院史志文献记载，以及五台山周边地区同时代造像推测，北朝之际的五台山除释迦、多宝、卢舍那等佛及其眷属诸像外，文殊菩萨与维摩诘居士对坐交谈组像亦应是当时造像较流行题材之一。现存五台山北朝造像，大都为五台山地区出土或征集到的金铜、玉石等可移动小型尊像，这一地区寺院殿宇内的北朝泥塑、木雕等大型或较大型造像早已湮灭无存。

释迦牟尼立像　北魏太和十五年（491）　五台山藏珍楼收藏　铜像

菩萨立像　北魏景明四年（503）　五台山藏珍楼收藏　石雕像

菩萨立像（北齐） 五台山佛光寺征集 山西博物院收藏 彩绘石雕像

唐（618—907）

有唐一代，除武宗李炎反佛外，其余诸帝均对佛教扶持有加，再加上经济发达，文化开放，唐武宗“灭法”前的五台山佛教发展到了鼎盛时期，最盛时寺院多达三百六十余处，华严、天台、净土、唯识、密宗、禅宗等宗派诸宗竞秀，同时五台山也是驰名中外的文殊信仰中心。但唐会昌五年（845），武宗李炎下诏“灭法”，使天下佛教尽毁于一旦，五台山佛教除南禅寺一座偏远寺院及少数墓塔、经幢外，全山寺院尽皆被毁。唐宣宗李忱即位后，再崇释氏，使晚唐、五代之际的五台山再次成为中外僧尼向往的圣地。

据有关史料，入唐之后，五台山寺院造像的题材、样式，围绕着庄严文殊道场和弘传文殊信仰这一基本主题，呈现出丰富多彩的状态。释迦三尊、骑狮文殊、华严三圣、新样文殊、新三世佛、弥勒大佛、释迦涅槃、文殊与维摩诘对谈、万菩萨、龙王、天王、力士、胁侍菩萨、供养菩萨、金刚瑜伽五佛、顶轮王瑜伽会五佛，以及国家功德七十二贤等，是当时五台山寺院殿宇中较为常见的题材和样式，但遭“会昌灭法”劫难，只有南禅寺大佛殿一坛彩塑幸存。

现在，五台山所存唐代塑像，除南禅寺大佛殿外，还有佛光寺东大殿一坛泥质彩塑，以及古竹林寺等处出土的一批由于“会昌法难”而埋藏于地下的石质雕像。五台山唐代塑像遗存虽然为数不多，但却有很高的佛教造像史乃至佛教思想史价值。如南禅寺大佛殿唐塑，不仅是中原地区现在所存制作时间最早的一坛泥质彩塑，同时也是目前所见最早的华严三圣、新样文殊、护国文殊泥质彩塑造像；佛光寺东大殿所存唐代塑像，是国内仅有的一坛唐代宫廷彩塑造像遗存，是唐朝佛教“多宗并存”政策和意志的典型体现，同时亦是一坛仅存的具有唐代“丰肥”向宋代“清瘦”审美样式过渡特点的彩塑遗存。

五台山佛光寺、古竹林寺等处出土或征集到的多尊石质雕像，则见证着初、盛唐之际，印度笈多、帕拉等造像样式风格对五台山佛教造像的影响，以及五台山造像艺术在当时所创造的繁荣和所达到的高度。

释迦坐像　唐天宝十一年（752）　五台山佛光寺征集　山西博物院收藏　石雕像

释迦坐像侧面　唐天宝十一年（752）　五台山佛光寺征集　山西博物院收藏　石雕像

此须弥座下刻文有："大唐天宝□□十月十五日□□郡陉县西子村为国敬造□□山佛光寺无垢光塔□石释迦牟尼佛一躯"等字样。

释迦坐像须弥座　唐天宝十一年（752）　五台山佛光寺征集　山西博物院收藏　石雕

迦叶立像　唐天宝十一年（752）　五台山佛光寺征集　山西博物院收藏　石雕像

迦叶立像局部　唐天宝十一年（752）　五台山佛光寺征集　山西博物院收藏　石雕像

阿难立像　唐天宝十一年（752）　五台山佛光寺征集　山西博物院收藏　石雕像

阿难立像局部　唐天宝十一年（752）　五台山佛光寺征集　山西博物院收藏　石雕像

菩萨立像（唐） 五台山佛光寺征集 山西博物院收藏 石雕像

力士站像（残）（唐）　五台山佛光寺征集　山西博物院收藏　石雕像

骑狮文殊像(残)(唐)　五台山佛光寺征集　山西博物院收藏　石雕像

骑狮文殊像局部（唐）　五台山佛光寺征集　山西博物院收藏　石雕像

胁侍菩萨像（残）（唐） 五台山佛光村古竹林寺出土 山西博物院收藏 石雕像

胁侍菩萨像（残）（唐）　五台山佛光村古竹林寺出土　山西博物院收藏　石雕像

金刚立像（残）（唐）　五台山佛光村征集　山西博物院收藏　石雕像

“华严三圣”塑像群（唐） 南禅寺 大佛殿 泥质彩塑

“华严三圣”塑像群侧面（唐） 南禅寺 大佛殿 泥质彩塑

“华严三圣”塑像群局部侧面（唐） 南禅寺 大佛殿 泥质彩塑

卢舍那佛像（唐） 南禅寺 大佛殿 泥质彩塑 总高：3.91米 像高：2.42米

卢舍那佛像局部（唐） 南禅寺 大佛殿 泥质彩塑 总高：3.91 米 像高：2.42 米

卢舍那佛像须弥座束腰前部左侧力士像（唐）　南禅寺　大佛殿　泥质彩塑　像高：0.36 米

卢舍那佛像须弥座束腰前部右侧力士像（唐）　南禅寺　大佛殿　泥质彩塑　像高：0.37 米

迦叶像（唐） 南禅寺 大佛殿 泥质彩塑 总高：1.99米 像高：1.87米

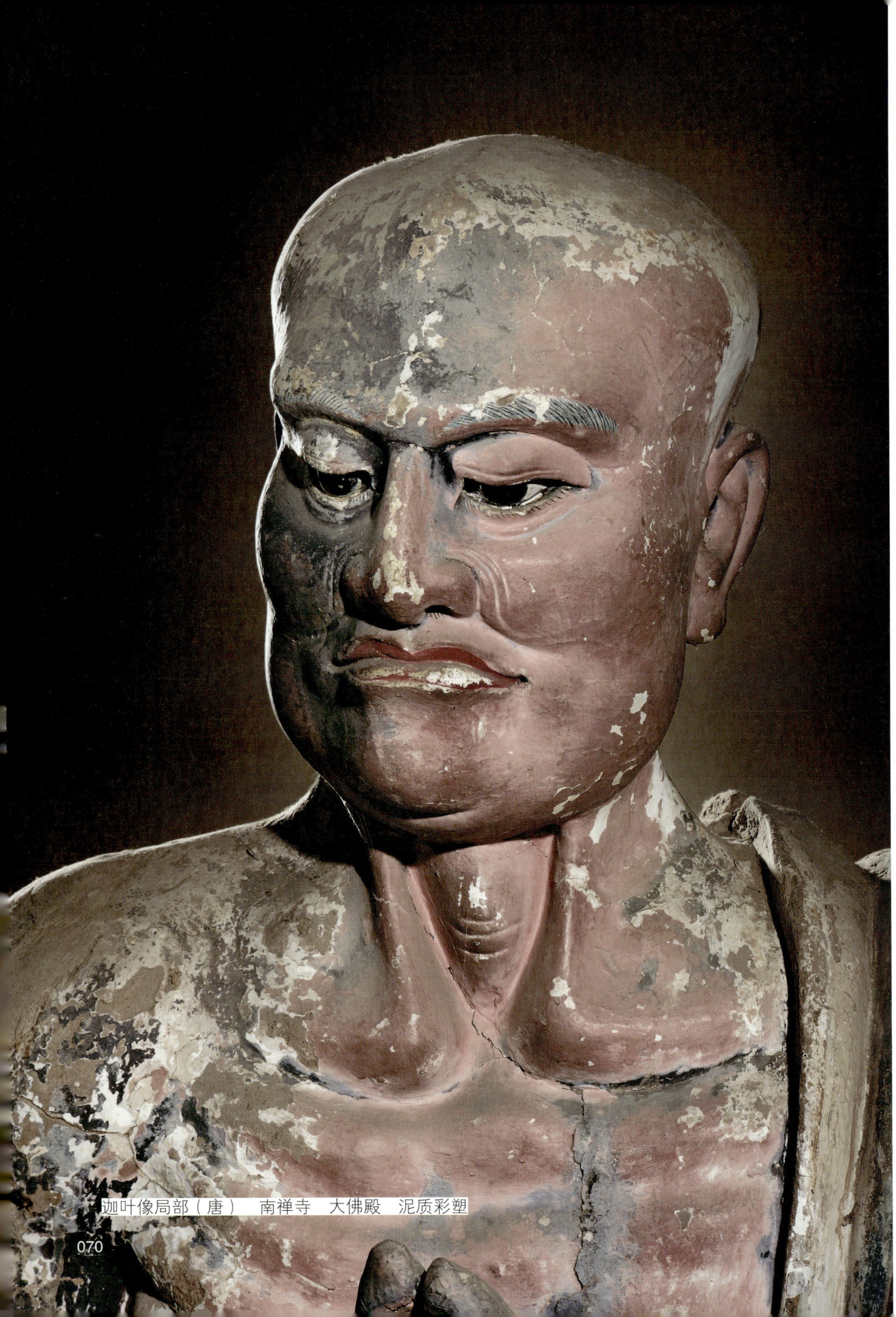

迦叶像局部（唐）　南禅寺　大佛殿　泥质彩塑

阿难像（唐） 南禅寺 大佛殿 泥质彩塑 总高：2.15 米 像高：1.98 米

阿难像局部（唐）　南禅寺　大佛殿　泥质彩塑

乘象普贤像（唐） 南禅寺 大佛殿 泥质彩塑 总高：3.05米 像高：1.43米

乘象普贤右侧善财童子像（唐） 南禅寺 大佛殿 泥质彩塑 总高：1.01米 像高：1.01米

乘象普贤右侧驭象人像（唐） 南禅寺 大佛殿 泥质彩塑 总高：1.25米 像高：1.25米

骑狮文殊像（唐）　南禅寺　大佛殿　泥质彩塑　总高 3.05 米　像高：1.38 米

骑狮文殊像局部（唐）　南禅寺　大佛殿　泥质彩塑

骑狮文殊像侧面（唐） 南禅寺 大佛殿 泥质彩塑

骑狮文殊左侧善财童子像（唐） 南禅寺 大佛殿 泥质彩塑 总高：1.00 米 像高：1.00 米

护法天王与胁侍菩萨像（唐） 南禅寺 人佛殿 泥质彩塑

佛右前侧胁侍菩萨像局部（唐） 南禅寺 大佛殿 泥质彩塑

佛左前侧胁侍菩萨像（唐） 南禅寺 大佛殿 泥质彩塑 总高：2.69米 像高：2.44米

佛左后侧胁侍菩萨像（唐） 南禅寺 大佛殿 泥质彩塑 总高：2.44米 像高：2.22米

佛左后侧胁侍菩萨像局部（唐）　南禅寺　大佛殿　泥质彩塑

佛右后侧胁侍菩萨像（唐） 南禅寺 大佛殿 泥质彩塑 总高：2.41米 像高：2.28米

佛右后侧胁侍菩萨像局部（唐） 南禅寺 大佛殿 泥质彩塑

佛左前侧护法天王像（唐） 南禅寺 大佛殿 泥质彩塑 总高：2.91米 像高：2.86米

骑狮文殊左侧于阗王像（已失）（唐） 南禅寺 大佛殿 泥质彩塑 总高：1.60 米

佛左前侧供养菩萨像（已失）（唐） 南禅寺 大佛殿 泥质彩塑 总高：1.61 米

佛右前侧供养菩萨像（已失）（唐）　南禅寺　大佛殿　泥质彩塑　总高 1.56 米

佛光寺东大殿中央佛坛彩塑

佛光寺东大殿中央佛坛彩塑

释迦牟尼佛塑像群（唐） 佛光寺 东大殿 泥质彩塑

迦叶像（唐）　佛光寺　东大殿　泥质彩塑

阿难像（唐） 佛光寺 东大殿 泥质彩塑 总高：4.17 米 像高：3.97 米

释迦牟尼佛左侧胁侍菩萨像（唐） 佛光寺 东大殿 泥质彩塑 总高：3.87米 像高：3.67米

释迦牟尼佛右侧胁侍菩萨像（唐） 佛光寺 东大殿 泥质彩塑 总高：3.82米 像高：3.59米

释迦牟尼佛右侧胁侍菩萨像局部 1（唐） 佛光寺 东大殿 泥质彩塑

释迦牟尼佛右侧胁侍菩萨像局部 2（唐） 佛光寺 东大殿 泥质彩塑

释迦牟尼佛右前侧供养菩萨像（唐） 佛光寺 东大殿 泥质彩塑 总高：1.90米 像高：1.20米

弥勒佛塑像群（唐）　佛光寺　东大殿　泥质彩塑

弥勒佛左侧胁侍菩萨像（唐） 佛光寺 东大殿 泥质彩塑 总高：3.74米 像高：3.56米

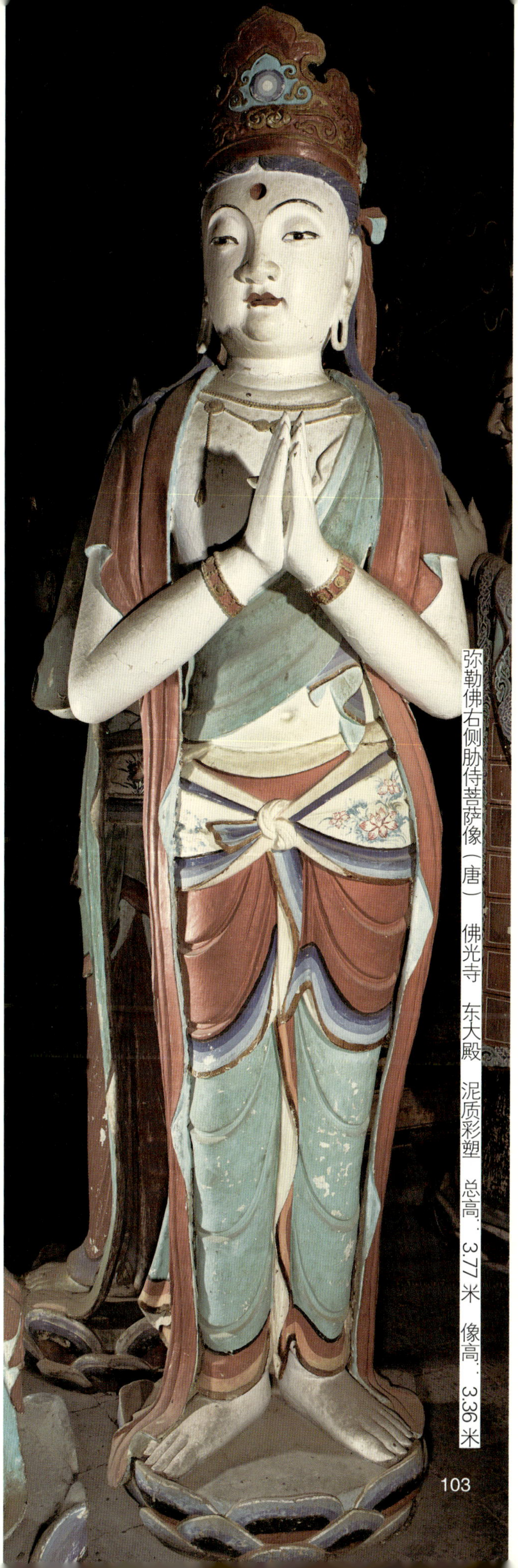

弥勒佛右侧胁侍菩萨像（唐） 佛光寺 东大殿 泥质彩塑 总高：3.77米 像高：3.36米

弥勒佛左侧胁侍菩萨像局部（唐） 佛光寺 东大殿 泥质彩塑

弥勒佛右侧胁侍菩萨像局部（唐） 佛光寺 东大殿 泥质彩塑

弥勒佛左后侧胁侍菩萨像局部（唐） 佛光寺 东大殿 泥质彩塑 总高：4.20 米 像高：4.02 米

弥勒佛右后侧胁侍菩萨像局部（唐） 佛光寺 东大殿 泥质彩塑

弥勒佛左前侧供养菩萨像（唐） 佛光寺 东大殿 泥质彩塑 总高：1.91 米 像高：1.24 米

阿弥陀佛塑像群（唐） 佛光寺 东大殿 泥质彩塑

阿弥陀佛左侧胁侍菩萨像（唐） 佛光寺 东大殿 泥质彩塑 总高：3.88米 像高：3.72米

阿弥陀佛右侧胁侍菩萨像（唐） 佛光寺 东大殿 泥质彩塑 总高：4.31米 像高：4.12米

阿弥陀佛左侧胁侍菩萨像局部（唐）　佛光寺　东大殿　泥质彩塑

阿弥陀佛右侧胁侍菩萨像局部（唐） 佛光寺 东大殿 泥质彩塑

阿弥陀佛左前侧供养菩萨像局部（唐） 佛光寺 东大殿 泥质彩塑

普贤菩萨塑像群（唐） 佛光寺 东大殿 泥质彩塑

文殊菩萨塑像群（唐） 佛光寺 东大殿 泥质彩塑

文殊菩萨像（唐） 佛光寺 东大殿 泥质彩塑 总高：4.88米 像高：2.43米

文殊菩萨左前侧驭狮于阗王像局部（唐） 佛光寺 东大殿 泥质彩塑

佛坛左前角护法天王像（唐） 佛光寺 东大殿 泥质彩塑 像高：3.88 米

宁公遇等身像（金） 佛光寺 东大殿 泥质彩塑 总高：1.43 米 像高：0.91 米

普贤菩萨右前侧韦陀像（明）　佛光寺　东大殿　泥质彩塑　像高：1.56 米

宋（906—1279）

入宋后，太宗赵炅、真宗赵恒、仁宗赵祯诸帝，均对五台山佛教大加护持。宋太宗即位当年，即敕免五台山寺院僧尼税赋。太平兴国五年（980），诏修五台山之真容、华严、寿宁、兴国、竹林、金阁、法华、秘密、灵境、大贤“十寺”。淳化二年（990），又敕五台山每年制度僧人五十名，其中二十名入真容院僧籍。宋真宗于宋景德四年（1007），敕建五台山真容院“奉真”大阁一座，并遣内臣诣山，设斋供养，此殿庄严崇奉，超越前代。约到宋仁宗在位的嘉祐年间，五台山有僧尼香火的寺院又恢复到六十七所。有宋一代，五台山地区华严、唯识、天台诸宗竞秀。日僧成寻、寂昭、裔然等外国僧人，亦至五台山巡礼圣迹。五台山依然是中、外佛教僧尼向往的圣地和中心。

宋代的五台山寺院塑像，除唐代已有的华严三圣、释迦三尊、新三世佛、弥勒佛、万菩萨等传统题材像设外，药师佛、叶上千释迦、延寿王菩萨、千手观音、五髻文殊、自在观音、十六罗汉以及伏狮文殊、卧象普贤等诸佛、诸菩萨题材、样式明显增多。

然而，遭历史风雨吹拂侵蚀，兵火天灾损毁湮灭，五台山地区现存宋代像，仅有定襄洪福寺毗卢殿（正殿）一坛泥质彩塑。此殿现存九身宋代泥质彩塑，均塑绘精美，体量宏大，为宋代佛教彩塑造像中精品。其中的文殊、普贤所乘坐骑，并非隋唐流行的“站立式”狮子及大象，而为“伏狮”及“卧象”。这是此期文殊、普贤造像中出现的新样式，其像教寓意应与唐代的骑狮文殊、乘象普贤不尽相同。

卢舍那（毗卢遮那）佛塑像群（宋）　洪福寺　大雄宝殿　泥质彩塑

迦叶像局部（宋）　洪福寺　大雄宝殿　泥质彩塑　总高：3.10 米　像高：2.83 米

阿难像（宋） 洪福寺 大雄宝殿 泥质彩塑 总高：3.10 米 像高：2.85 米

普贤菩萨塑像群（宋）　洪福寺　大雄宝殿　泥质彩塑

普贤菩萨像（宋） 洪福寺 大雄宝殿 泥质彩塑 总高：4.10 米 像高：2.82 米

普贤菩萨像局部（宋） 洪福寺 大雄宝殿 泥质彩塑

普贤菩萨左侧胁侍菩萨像（宋） 洪福寺 大雄宝殿 泥质彩塑 总高：2.91米 像高：2.73米

文殊菩萨像（宋） 洪福寺 大雄宝殿 泥质彩塑 像高：2.78米

文殊菩萨塑像群（宋）　洪福寺　大雄宝殿　泥质彩塑

文殊菩萨右侧胁侍菩萨像（宋） 洪福寺 大雄宝殿 泥质彩塑 像高：2.73米

文殊菩萨右侧胁侍菩萨像局部（宋） 洪福寺 大雄宝殿 泥质彩塑

佛坛左前角天王像（宋） 洪福寺 大雄宝殿 泥质彩塑 像高：3.37 米

佛坛右前角天王像（宋） 洪福寺 大雄宝殿 泥质彩塑 像高：3.38米

阿弥陀佛像（宋） 慈福寺 大雄宝殿 铜像 像高：2.30米

金（1115—1234）

金代诸帝，亦对佛教有所护持，如五台山的万岁寺即为金世宗完颜雍敕建，佛光寺文殊殿和繁峙县灵岩寺（岩山寺），亦分别于金天会十五年（1148）和金正隆三年（1158）重建。有金一代，五台山华严、密宗、禅宗、唯识仍较为兴盛，尤其是密宗，颇受金朝廷崇奉。此期，仍有苏陀室利、吽哈啰悉利等海外僧人至五台山巡礼求法。

五台山现存金代塑像，主要在佛光寺文殊殿及岩山寺文殊殿两处。其中，佛光寺文殊殿金代所塑骑狮文殊、善财童子、于阗王及文殊圣化老人、佛陀波利一组泥质彩塑，是目前国内外所见最早的“文殊五尊”造像，是文殊造像出现的又一新题材和新样式，对研究晚唐、五代至宋、金之际“末法”思想的再度流行，地狱拔救观念的普及，释、儒、道及民间信仰的融合，以及文殊师利菩萨尊格的大幅度提升等有重要实物参证意义。

繁峙县岩山寺文殊殿佛坛扇面墙前，亦曾有金代塑置“文殊五尊”彩塑一坛，惜大部毁于20世纪“文革”时期。此殿扇面墙后，也有金代塑绘水月观音等像一组，惜在“文革”中亦大部遭毁，仅有观音等像残存。此组塑像，为五台山地区现存最早的“倒坐观音”题材造像。

“文殊五尊”塑像群（金） 佛光寺 文殊殿 泥质彩塑

“文殊五尊”塑像群局部（金） 佛光寺 文殊殿 泥质彩塑

骑狮文殊菩萨像局部（金）　佛光寺　文殊殿　泥质彩塑

善财童子像（金） 佛光寺 文殊殿 泥质彩塑

善财童子像局部（金） 佛光寺 文殊殿 泥质彩塑 像高：1.03 米

于阗王像（金） 佛光寺 文殊殿 泥质彩塑 像高：1.64 米

文殊圣化老人像（金） 佛光寺 文殊殿 泥质彩塑 像高：1.66米

文殊圣化老人像局部（金） 佛光寺 文殊殿 泥质彩塑

佛陀波利像局部（金） 佛光寺 文殊殿 泥质彩塑

右胁侍菩萨像（金） 佛光寺 文殊殿 泥质彩塑 像高：2.92 米

左胁侍菩萨像（金） 佛光寺 文殊殿 泥质彩塑 像高：3.05米

自在观音菩萨像（残）（金） 岩山寺 文殊殿 泥质彩塑 像高：1.78米

文殊圣化老人像（残）（金） 岩山寺 文殊殿 泥质彩塑 像高：1.80米

文殊圣化老人像背面（金） 岩山寺 文殊殿 泥质彩塑

佛坛西南角护法天王像(残)(金) 岩山寺 文殊殿 泥质彩塑 像高：2.86 米

元（1260—1368）

元朝九帝之中，就有七位崇奉释教，对五台山佛教大加护持。元代诸帝于五台山重葺、重建和新建的寺院颇多，其较著名的有祐国、普宁、普恩、铁瓦、寿宁、金灯、望海、护国、温泉、清源、石塔、西寿宁等寺。此外有元一代，朝廷于五台山赐田开矿，为五台山佛教发展奠定坚实经济基础。

元代五台山佛教显著特点，是藏传佛教的传入和发展。五台山于元代初步形成的汉藏佛教僧人、教派及寺院并存格局，为明、清之际五台山发展成为汉、藏兼融的佛教圣地奠定了基础。

早在元至元年间，随着藏传佛教高僧胆巴应元世祖之清驻锡五台山寿宁寺，藏传佛教的重要护法天神摩诃伽剌造像，就随之出现在五台山，并迅速成为汉藏僧侣及皇族、平民各界共同信仰崇奉的佛教神祇。但经历史风雨侵蚀湮灭，元代五台山此批藏传佛教造像今已不存。

五台山现有元代塑像，主要遗存于五台县城广济寺大雄宝殿和南山寺极乐寺大雄宝殿两处。南山寺原为元成宗铁穆耳为其母徽仁裕圣皇太后建造的皇家寺院，亦为元代著名的护国道场。此寺建成之际，敕名为“万圣佑国寺”。此寺建筑及其内塑像，均出自尼泊尔著名建筑及造像大师阿尼哥之手。此寺大雄宝殿所置“世尊拈花”组像，塑绘精美，是《金光明经》等护国佛教经典中的“天党护国”“由国弘经”内容，在皇家寺院中的像教呈现。此寺塑像塑绘完成不久，便成了京师等地敕建寺院模仿之样本。

五台县城广济寺佛殿正中佛坛所塑为“华严三圣”及二弟子、护法天王等像，为元代彩塑造像遗存。此殿佛坛扇面墙后，塑观音、文殊、普贤“华严三大士”像，面相、发式、衣着等，北方游牧民族特色浓重，与汉地“三大士”造像以及藏传佛教菩萨造像，有较明显区别。

“世尊拈花”像塑像群（元） 南山寺 极乐寺大雄宝殿

“世尊拈花”像（元） 南山寺 极乐寺大雄宝殿 泥质彩塑 像高：2.60 米

"世尊拈花"像局部（元）　南山寺　极乐寺大雄宝殿　泥质彩塑

迦叶像（元） 南山寺 极乐寺大雄宝殿 泥质彩塑 像高：2.10 米

阿难像（元） 南山寺 极乐寺大雄宝殿 泥质彩塑 像高：2.10 米

十八罗汉像之一（元） 南山寺 极乐寺大雄宝殿 泥质彩塑 像高：1.80 米

十八罗汉像之二（元） 南山寺 极乐寺大雄宝殿 泥质彩塑 像高：1.80 米

十八罗汉像之三（元） 南山寺 极乐寺大雄宝殿 泥质彩塑 像高：1.80 米

十八罗汉像之六（元）　南山寺　极乐寺大雄宝殿　泥质彩塑　像高：1.80 米

十八罗汉像之八（元） 南山寺 极乐寺大雄宝殿 泥质彩塑 像高：1.80 米

十八罗汉像之九（元）　南山寺　极乐寺大雄宝殿　泥质彩塑　像高：1.80 米

十八罗汉像之十四（元） 南山寺 极乐寺大雄宝殿 泥质彩塑 像高：1.80 米

十八罗汉像之十八（元） 南山寺 极乐寺大雄宝殿 泥质彩塑 像高：1.80 米

“华严三圣”塑像群（元）　广济寺　大雄宝殿　泥质彩塑

迦叶像（元） 广济寺 大雄宝殿 泥质彩塑 总高：2.97米 像高：2.29米

阿难像（元） 广济寺 大雄宝殿 泥质彩塑 总高：2.85米 像高：2.34米

文殊菩萨像（元） 广济寺 大雄宝殿 泥质彩塑 总高：4.22 米 像高：2.63 米

文殊菩萨像局部（元）　广济寺　大雄宝殿　泥质彩塑

普贤菩萨像（元） 广济寺 大雄宝殿 泥质彩塑 总高：4.13 米 像高：2.65 米

佛坛前端左角护法天王像（元） 广济寺 大雄宝殿 泥质彩塑 总高：3.56米 像高：3.25米

佛坛前端右角护法天王像（元） 广济寺 大雄宝殿 泥质彩塑 总高：3.65 米 像高：3.33 米

佛坛扇面墙背后观音菩萨像（元）　广济寺　大雄宝殿　泥质彩塑　总高：2.62 米　像高：1.22 米

佛坛扇面墙背后文殊菩萨像（元）　广济寺　大雄宝殿　泥质彩塑　总高：2.46 米　像高：1.20 米

佛坛扇面墙背后文殊菩萨像局部（元）　广济寺　大雄宝殿　泥质彩塑

佛坛扇面墙背后普贤菩萨像（元）　广济寺　大雄宝殿　泥质彩塑　总高：2.49 米　像高：1.28 米

佛坛扇面墙背后普贤菩萨像侧面局部（元）　广济寺　大雄宝殿　泥质彩塑

佛坛扇面墙背后三大士左侧护法像（元） 广济寺 大雄宝殿 泥质彩塑 总高：3.56 米 像高：3.25 米

佛坛扇面墙背后三大士右侧护法像（元） 广济寺 大雄宝殿 泥质彩塑 总高：3.65 米 像高：3.33 米

十八罗汉像之一（元） 广济寺 大雄宝殿 泥质彩塑 总高：1.61 米 像高：1.07 米

十八罗汉像之四（元） 广济寺 大雄宝殿 泥质彩塑 总高：1.63 米 像高：1.10 米

十八罗汉像之六（元） 广济寺 大雄宝殿 泥质彩塑 总高：1.67 米 像高：1.14 米

十八罗汉像之八（元） 广济寺 大雄宝殿 泥质彩塑 总高：1.66 米 像高：1.13 米

十八罗汉像之十一（元）　广济寺　大雄宝殿　泥质彩塑　总高：1.70 米　像高：1.14 米

十八罗汉像之十四（元） 广济寺 大雄宝殿 泥质彩塑 总高：1.71 米 像高：1.15 米

十八罗汉像之十六（元） 广济寺 大雄宝殿 泥质彩塑 总高：1.69 米 像高：1.13 米

五台山文化遗产档案丛书

五台山寺院塑像图汇

下

崔元和 编纂

山西出版传媒集团·三晋出版社

五台山寺院塑像图汇

（下）

五台山文化遗产档案丛书

崔元和 编纂

山西出版传媒集团
三晋出版社

目　录

清（1616—1911）

民国（1912—1949）

明（1368—1644）

有明一代，五台山佛教发展再次出现高峰，到明万历二十四年（1596）之前，镇澄在其所撰《清凉山志》中所记载五台山寺院，又恢复到一百零四座，并形成汉传寺院、僧侣与藏传寺院、僧侣并存融合的兴盛格局。五台山明代的塑像遗存，主要分布于五台山“台内”的显通寺、塔院寺、殊像寺、碧山寺、金阁寺、圆照寺、罗睺寺、广宗寺，以及“台外”的繁峙县之公主寺等寺院中。显、密并重，汉、藏融合，是此期造像突出特点。

汉、藏造像并存。塔院寺大延寿宝殿创建于明万历年间，殿正中除塑置释迦牟尼及文殊、普贤、帝释、梵天等像外，还塑有绿度母、白度母二像。

密教梵相造像。元、明两代，由于朝廷推重西域高僧及藏传佛教，再加上阿尼哥“艺绝古今”的“梵式”造像风靡一时，故有明一代五台山密宗虽然式微，但密教题材及梵式造像不但未曾匿迹，反而在一些名刹大寺乃至皇家寺院兴盛一时。五台明代密教梵式造像，主要有显通寺千钵文殊所置十一面千手千钵文殊铜像，铜殿内置万佛围绕骑狮文殊铜像，以及金阁寺大悲殿所置三面四十二臂观音菩萨立像等，均为五台山明代造像之精萃。

显、密或汉、藏一体造像。有明一代，五台山一些寺院出现了主尊塑像为汉传佛教题材、样式，而背光却多有密教或藏传题材及图案。如碧山寺雷音殿内所置毗卢遮那像，面相端正庄严，身后背光除雕镂有佛、菩萨及金翅鸟外，还有二臂、四臂、六臂等忿怒相护法天十二身。殊像寺大义殊殿中央塑置骑狮文殊像一尊，文殊端庄秀气，背光则雕镂有藏传“十相自在”“八吉祥”图案，以及雪山狮、巨象、祥羚等藏传佛教背光常见之“捧座”灵兽。

悬塑亦为五台山明代塑像重要遗存。如殊像寺两山及后檐墙内壁上端，以山林窟寺为背景的五百罗汉悬塑；繁峙县公主寺毗卢殿两山及后檐墙内壁上端，以山丘、殿宇等为背景的佛传故事悬塑等。

毗卢遮那佛塑像群（明）　碧山寺　雷音殿

大梵天像（明）　碧山寺　雷音殿　夹苎像　像高：2.70 米

大梵天像局部（明）　碧山寺　雷音殿　夹苎像

帝释天像（明） 碧山寺 雷音殿 夹苎像 像高：2.70 米

帝释天像局部（明） 碧山寺 雷音殿 夹苎像

韦陀像（明） 碧山寺 雷音殿 泥质彩塑

伽蓝菩萨像（明）　碧山寺　雷宝殿　泥质彩塑　像高：3.80 米

摩诃波阇波提尊者像（明）　碧山寺　护国戒坛殿　夹苎像　像高：1.80 米

达摩多罗尊者像（明） 碧山寺 护国戒坛殿 夹苎像 像高：1.80 米

注荼半托迦尊者像（明） 碧山寺 护国戒坛殿 夹苎像 像高：1.80 米

伐阇罗弗多罗尊者像局部（明） 碧山寺 护国戒坛殿 夹苎像

宾头卢（宾度罗跋啰惰阇）尊者像（明） 碧山寺 护国戒坛殿 夹苎像 像高：1.80 米

跋陀罗尊者像局部（明）　碧山寺　护国戒坛殿　夹苎像

半托迦尊者像（明） 碧山寺 护国戒坛殿 夹苎像 像高：1.80 米

弥勒佛菩萨像（明） 碧山寺 藏经楼 泥质彩塑 像高：5.40米

“三世佛”塑像群（明）　公主寺　大雄殿　泥质彩塑

迦叶像（明）　公主寺　大雄殿　泥质彩塑　总高：2.29 米　像高：2.06 米

阿难像（明） 公主寺 大雄殿 泥质彩塑 总高：2.26 米 像高：2.05 米

毗卢遮那佛塑像群（明）　公主寺　毗卢殿　泥质彩塑

毗卢遮那佛像（明）　公主寺　毗卢殿　泥质彩塑　总高：3.91 米　像高：1.95 米

大梵天像（明） 公主寺 毗卢殿 泥质彩塑 总高：2.95米 像高：2.27米

帝释天像（明）　公主寺　毗卢殿　泥质彩塑　总高：2.82米　像高：2.13米

自在观音菩萨像（明）　公主寺　毗卢殿　泥质彩塑　总高：2.48 米　像高：1.43 米

文殊菩萨像（明）　公主寺　毗卢殿　泥质彩塑　总高：1.57 米　像高：1.04 米

普贤菩萨像（明）　公主寺　毗卢殿　泥质彩塑　总高：1.62 米　像高：1.10 米

十八罗汉像之一（明） 公主寺 毗卢殿 泥质彩塑 总高：1.48 米 像高：0.98 米

十八罗汉像之三（明） 公主寺 毗卢殿 泥质彩塑 总高：1.50 米 像高：1.00 米

十八罗汉像之五局部（明）　公主寺　毗卢殿　泥质彩塑

十八罗汉像之七（明）　公主寺　毗卢殿　泥质彩塑　总高：1.45 米　像高：0.95 米

十八罗汉像之八局部（明） 公主寺 毗卢殿 泥质彩塑

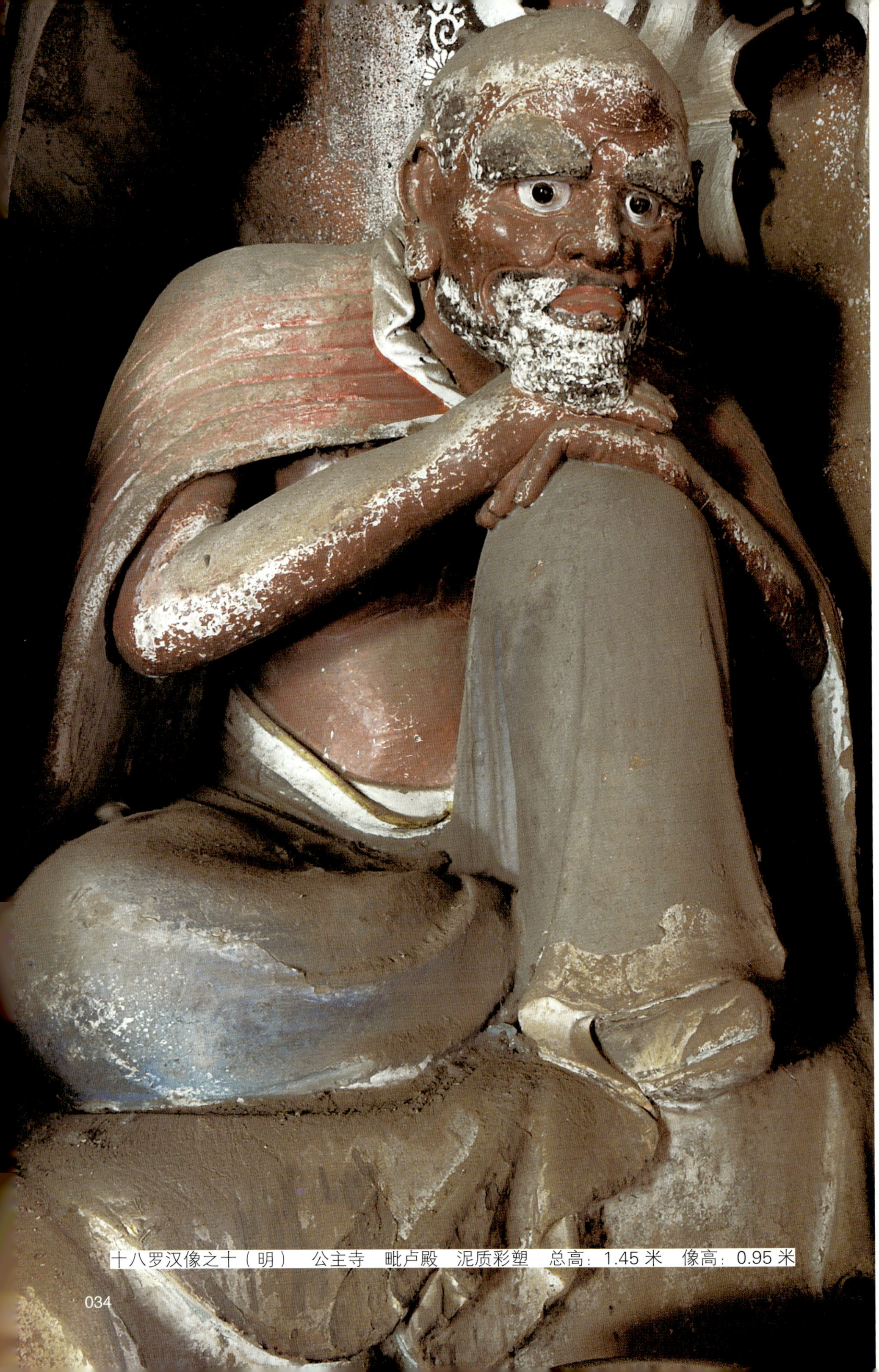

十八罗汉像之十（明） 公主寺 毗卢殿 泥质彩塑 总高：1.45 米 像高：0.95 米

十八罗汉像之十二局部（明）　公主寺　毗卢殿　泥质彩塑

十八罗汉像之十三（明）　公主寺　毗卢殿　泥质彩塑　总高：1.41 米　像高：0.91 米

十八罗汉像之十四（明）　公主寺　毗卢殿　泥质彩塑　总高：1.44 米　像高：0.94 米

十八罗汉像之十七（明） 公主寺 毗卢殿 泥质彩塑 总高：1.49 米 像高：0.99 米

十八罗汉像之十八（明）　公主寺　毗卢殿　泥质彩塑　总高：1.34 米　像高：0.84 米

西山墙南段及前檐墙西端部分十八罗汉彩塑及《佛传》故事等悬塑（明）　公主寺　毗卢殿

「文殊五尊」塑像群（明） 殊像寺 大文殊殿 泥质彩塑

骑狮文殊像（明） 殊像寺 大文殊殿 泥质彩塑 总高：9.87米

骑狮文殊像局部（明）　殊像寺　大文殊殿　泥质彩塑

佛陀波利像（明）　殊像寺　大文殊殿　泥质彩塑　总高：2.90 米

于阗王像局部（明） 殊像寺 大文殊殿 泥质彩塑 总高：2.30 米

“倒坐观音”塑像群（明）　殊像寺　大文殊殿　泥质彩塑

善财童子像（明） 殊像寺 大文殊殿 泥质彩塑 总高：1.20 米

龙女像（明） 殊像寺 大文殊殿 泥质彩塑 总高：1.20米

阿弥陀佛像（明） 殊像寺 大文殊殿 泥质彩塑 总高：2.10 米

五百罗汉像局部（明） 殊像寺 大文殊殿 悬塑

五百罗汉像局部（明） 殊像寺 大文殊殿 悬塑

三头四十二臂观音菩萨塑像群（明）　金阁寺　大悲殿　铜像　观音菩萨像高：13.82 米

妙庄王夫妇像（明） 金阁寺 大悲殿 泥质彩塑 像高：6.86米

三头四十二臂观音菩萨像局部（明）　金阁寺　大悲殿　铜像

弥勒菩萨像（明） 金阁寺 大悲殿 泥质彩塑

文殊菩萨像（明）　金阁寺　大悲殿　泥质彩塑　像高：4.50 米

迦叶像（明） 金阁寺 大雄宝殿 木雕像 像高：1.80米

阿难像局部（明）　金阁寺　大雄宝殿

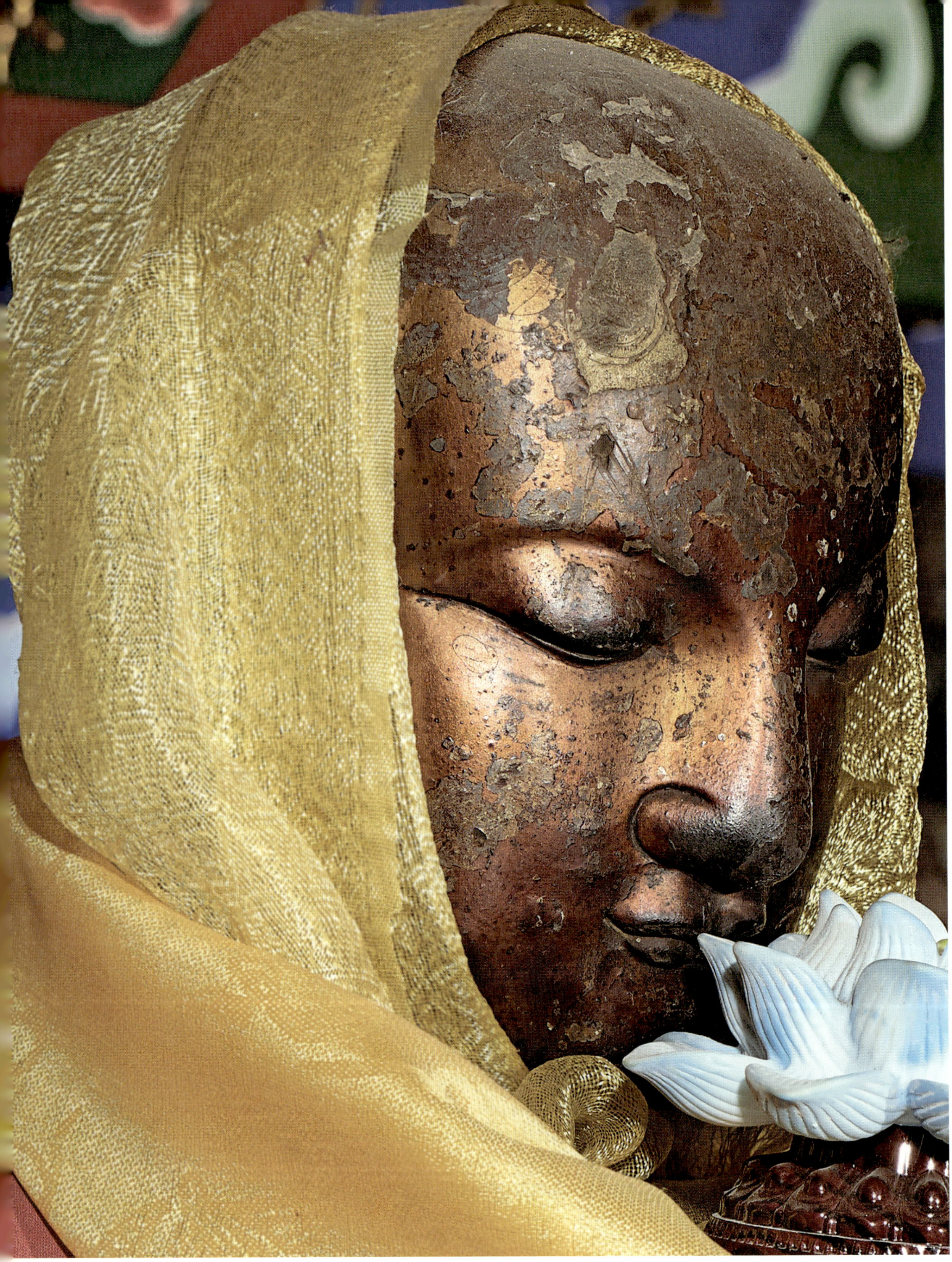

罗睺罗像局部（明）　金阁寺　大雄宝殿　木雕像

韦陀像（明） 金阁寺 天王殿 泥质彩塑 像高：1.70 米

南无本师释迦牟尼佛像（明）　塔院寺　大慈延寿宝殿　泥质彩塑　像高：2.10 米

白度母像（明）　塔院寺　大慈延寿宝殿　泥质彩塑　像高：1.50 米

绿度母像（明） 塔院寺 大慈延寿宝殿 泥质彩塑 像高：1.50 米

普贤菩萨像局部（明） 塔院寺 大慈延寿宝殿扇面墙后 泥质彩塑

南无大智文殊师利菩萨（比丘文殊）像（明） 塔院寺 大慈延寿宝殿 泥质彩塑 像高：1.80 米

鸠摩罗什尊者像（明） 塔院寺 大慈延寿宝殿 泥质彩塑 像高：1.50 米

迦哩迦尊者像（明） 塔院寺 大慈延寿宝殿 泥质彩塑 像高：1.50 米

跋陀罗尊者像（明）　塔院寺　大慈延寿宝殿　泥质彩塑　像高：1.50 米

诺距罗尊者像（明） 塔院寺 大慈延寿宝殿 泥质彩塑 像高：1.50 米

苏频陀尊者像（明）　塔院寺　大慈延寿宝殿　泥质彩塑　像高：1.50 米

伏虎尊者像局部（明） 塔院寺 大慈延寿宝殿 泥质彩塑

迦诺迦跋厘惰阇尊者像局部（明） 塔院寺 大慈延寿宝殿 泥质彩塑

伐那婆斯尊者像（明） 塔院寺 大慈延寿宝殿 泥质彩塑 像高：1.50 米

毗卢遮那佛像（明） 塔院寺 大藏经阁 铜质 像高：1.20 米

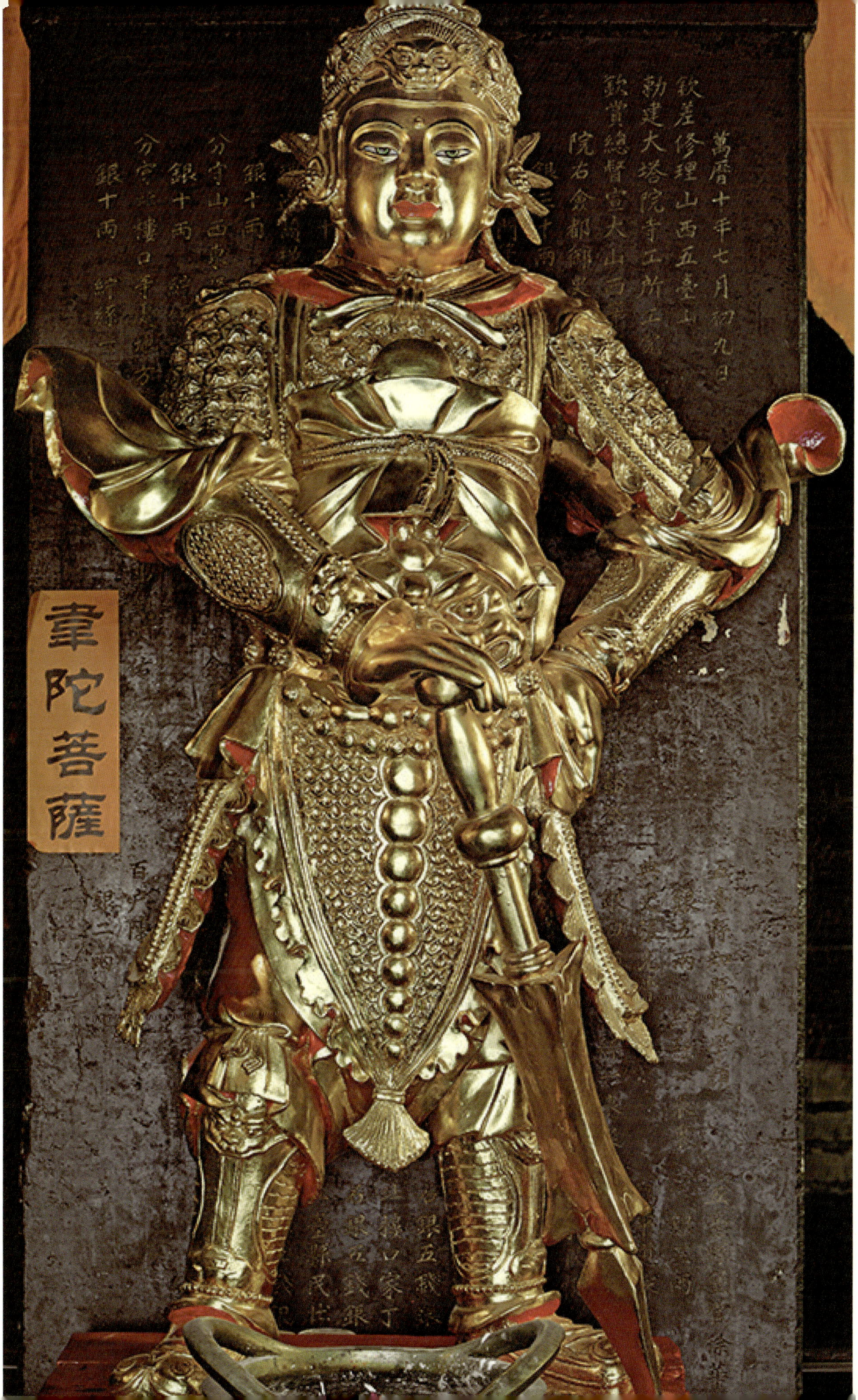

韦陀像（明） 塔院寺 天王殿 木雕像 像高：1.38米

关公像（明） 塔院寺 伽蓝殿 泥质彩塑 像高：1.25 米

大乘紧罗王菩萨像（明） 塔院寺 伽蓝殿 泥质彩塑 像高：1.17 米

阿弥陀佛像（明） 广宗寺 铜瓦殿 铜像 像高：1.00 米

观音菩萨像（明）　广宗寺　铜瓦殿　铜像　像高：0.80 米

大势至菩萨像（明）　广宗寺　铜瓦殿　铜像　像高：0.80 米

释迦牟尼佛像（明） 圆照寺 大雄宝殿 泥质彩塑 像高：3.75 米

药师佛像（明）　圆照寺　大雄宝殿　泥质彩塑　像高：3.75 米

阿弥陀佛须弥座力士像（明）　圆照寺　大雄宝殿

阿弥陀佛像（明）　圆照寺　大雄宝殿　泥质彩塑　像高：3.75 米

迦叶像局部（明）　圆照寺　大雄宝殿　泥质彩塑

阿难像局部（明）　圆照寺　大雄宝殿　泥质彩塑

大梵天像（明） 圆照寺 大雄宝殿 泥质彩塑 像高：2.35米

帝释天像（明） 圆照寺 大雄宝殿 泥质彩塑 像高：2.35米

帝释天像局部（明） 圆照寺 大雄宝殿 泥质彩塑

骑狮文殊像（明） 圆照寺 大雄宝殿 泥质彩塑 像高：2.20 米

关公像（明）　显通寺　大雄宝殿殿后　泥质彩塑　像高：2.50 米

韦陀像（明）　显通寺　大雄宝殿殿后　泥质彩塑　像高：2.50 米

跋陀罗尊者像（明） 显通寺 大雄宝殿 夹苎像 像高：1.66 米

诺距罗尊者像局部（明） 显通寺 大雄宝殿 夹苎像

迦诺迦伐蹉尊者像（明）　显通寺　大雄宝殿　夹苎像　像高：1.66 米

伐那婆斯尊者像（明）　显通寺　大雄宝殿　夹苎像　像高：1.66 米

因揭陀尊者像（明） 显通寺 大雄宝殿 夹苎像 像高：1.66 米

宾度罗跋啰惰阇尊者像（明）　显通寺　大雄宝殿　夹苎像　像高：1.66 米

迦诺迦跋厘惰阇尊者像（明） 显通寺 大雄宝殿 夹苎像 像高：1.66 米

伐阇罗弗多罗尊者像局部（明）　显通寺　大雄宝殿　夹苎像

戍博迦尊者像（明）　显通寺　大雄宝殿　夹苎像　像高：1.66 米

戍博迦尊者

大智文殊菩萨像（明） 显通寺 大文殊殿 木雕像 像高：3.00 米

韦陀像局部（明） 显通寺 大文殊殿 木雕像 像高：1.70米

伽蓝像（明） 显通寺 观音殿 泥质彩塑 像高：2.30米

卢舍那佛像（明） 显通寺 无量殿 铜像 像高：4.50 米

卢舍那佛像局部（明）　显通寺　无量殿　铜像

千钵文殊菩萨像（明） 显通寺 千钵文殊殿 铜像 像高：5.10 米

千钵文殊菩萨像局部（明） 显通寺 千钵文殊殿 铜像

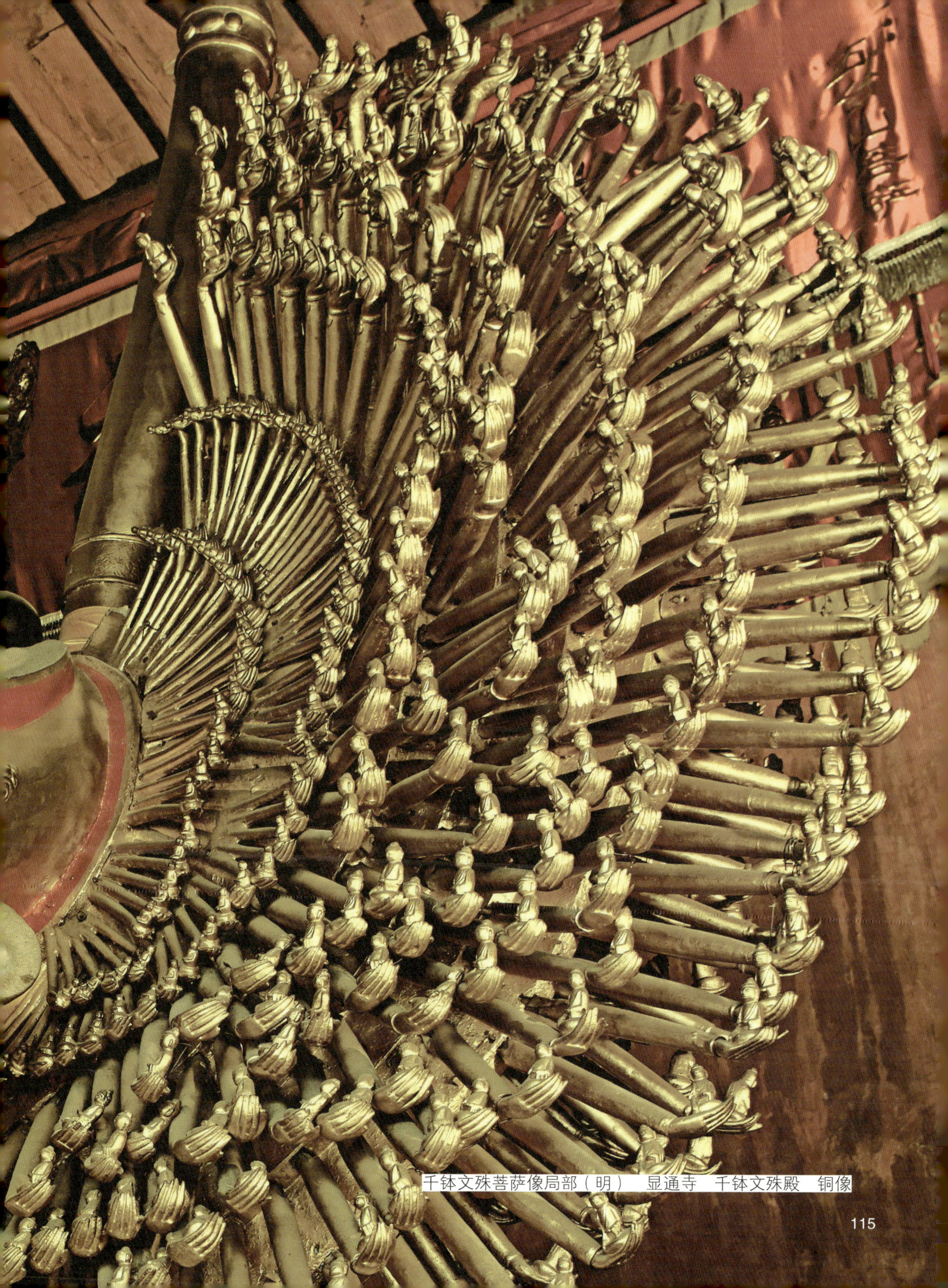

千钵文殊菩萨像局部（明） 显通寺 千钵文殊殿 铜像

比丘文殊菩萨像（明）　显通寺　千钵文殊殿　泥质彩塑　像高：1.90 米

比丘普贤菩萨像（明）　显通寺　千钵文殊殿　泥质彩塑　像高：1.90 米

釋迦佛塔

铜殿内部局部（明） 显通寺 铜殿 铜像

智慧文殊菩萨像（明） 显通寺 铜殿 铜像 像高：1.05 米

甘露文殊菩萨像（明）　显通寺　藏经殿　铜像　像高：3.00 米

释迦牟尼佛像（明） 罗睺寺 大雄宝殿 泥质彩塑 像高：1.70 米

药师佛像（明） 罗睺寺 大雄宝殿 泥质彩塑 像高：1.70 米

骑狮文殊像（明）　罗睺寺　文殊殿　泥质彩塑　像高：6.60 米

文殊圣化老人像（明） 罗睺寺 文殊殿 泥质彩塑

于阗王像（明） 罗睺寺 文殊殿 泥质彩塑

清（1616—1911）

清初诸帝出于怀柔和团结满、蒙、藏、汉等民族需要，对五台山佛教护持有加。清代的五台山，在藏传佛教大为发展的同时，汉传佛教的禅宗、律宗、华严宗、净土宗、密宗等宗派也基本保持香火旺盛。清代极盛时，五台山寺院共有一百二十二处，其中汉传佛教寺院九十七处，藏传佛教寺院二十五处。

清代五台山佛教造像，有两大显著特点，一是藏传佛教造像，与元、明等前代相比，题材内容和样式风格，均更为丰富、系统和完备，且规模、数量大为增加；二是文殊菩萨造像，无论题材，还是形式，更为丰富多样，多元化、个性化特色愈加明显。

至清中叶前后，由章嘉呼图克图管辖的六处藏传寺院，由扎萨克大喇嘛管辖的二十一处藏传寺院，大部分都建于“台内”，约占到当时“台内”寺院总数四成左右。藏传佛教于清代在五台山之兴盛，由此可见一斑。按规制，这些藏传寺院造像，绝大多数应当属于藏传佛教的题材和样式。但就现有遗存看，五台山清代藏传佛教造像比较集中的寺院，则主要集中在菩萨顶、广仁寺、罗睺寺、镇海寺等寺院之中。

有清一代，五台山藏传佛教造像的题材主要体现在以下方面：

藏传祖师造像。此题材造像在五台山清际寺院甚为常见，宗喀巴、阿底侠、米拉日巴等一代宗师，是藏传寺院中常见的祖师造像。菩萨顶大雄宝殿、罗睺寺大雄宝殿等众多佛殿三世佛下方，均置奉头戴黄色尖顶班智达帽的格鲁派创始人宗喀巴大师及其弟子嘉曹杰、克珠杰的尊像。广仁寺则专置宗喀巴大师殿，殿佛坛正中主像为宗喀巴大师，而佛坛左侧主像为释迦牟尼佛，右侧主像则为释迦太子造像，宗喀巴左、右胁侍是嘉曹杰、克珠杰二弟子像。广仁寺弥勒殿佛坛正中主像塑置弥勒菩萨像，左侧主像则为阿底峡尊者，右侧主像为宗喀巴大师。慈福寺米拉日巴殿中所塑于山洞苦修之米拉日巴尊者像。

藏传明王、佛母造像。清代五台山藏传寺院中，明王、佛母造像十分普遍，如广仁寺护法殿内，即塑有大威德明王、马头明王、金刚夜叉明王、狮面佛母、吉祥天母等像多尊。

藏传文殊菩萨、度母及观音造像。文殊多样化题材及造型，是清代五台山藏传菩萨造像的一大特色。如菩萨顶西配殿之执剑文殊，大文殊殿之六臂文殊；镇海寺文殊殿之比丘文殊；广仁寺后殿之四臂文殊、智慧文殊、无垢文殊，以及菩萨顶所置黄文殊，罗睺寺所置白文殊等，均使清代五台山文殊造像题材、样式呈现出了多元化和多样化特色。

有清一代，度母造像，尤其是白、绿二度母造像，在五台山藏传寺院中也十分普遍，在罗睺寺观音阁、镇海寺文殊殿，广仁寺后殿等殿宇中均有置塑。此外，四臂观音、千手观音等像，在广仁寺等藏传寺院中亦多有塑置。

当然，在这些藏传题材造像之中，藏传佛教的样式风格也体现得较为突出。如广仁寺后殿（弥勒殿）佛坛正中所置弥勒菩萨，头戴五佛金冠，耳佩硕大耳珰，胸前满饰樱珞，双肩上置肩花，左肩为宝塔式净瓶，右肩为桃形时轮，眉眼细长，眸黑膜白，鼻梁高峻，完全为藏化“梵相”样式风格。

有清一代，五台山塑像另一特点，是文殊造像题材及样式的进一步多元化。如始置于黛螺顶的五方文殊造像，菩萨顶大雄宝殿院西配殿中的带箭文殊菩萨像，镇海寺文殊殿所塑有络腮胡须的比丘文殊像，以及菩萨顶所塑置黄文殊、罗睺寺所塑置白文殊、显通寺所塑置绿文殊、殊像寺所塑置蓝文殊、塔院寺所塑置黑文殊组成的“五色文殊”造像等。

释迦牟尼佛像（清）　显通寺　大雄宝殿　泥质彩塑　像高：3.00 米

阿弥陀佛像（清） 显通寺 大雄宝殿 泥质彩塑 像高：3.00 米

迦叶像（清） 显通寺 大雄宝殿 泥质彩塑 像高：2.40米

阿难像（清） 显通寺 大雄宝殿 泥质彩塑 像高：2.40 米

大梵天像（清）　显通寺　大雄宝殿　泥质彩塑　像高：2.40米

帝释天像（清）　显通寺　大雄宝殿　泥质彩塑　像高：2.40米

帝释天像局部（清） 显通寺 大雄宝殿 泥质彩塑

布施入箱
功德无量

“三世佛”塑像群（清）　菩萨顶　大雄宝殿　泥质彩塑

释迦牟尼佛像（清）　菩萨顶　大雄宝殿　泥质彩塑　像高：3.00 米

药师佛像（清） 菩萨顶 大雄宝殿 泥质彩塑 像高：3.00 米

阿弥陀佛像（清） 菩萨顶 大雄宝殿 泥质彩塑 像高：3.00 米

迦叶像（清） 菩萨顶 大雄宝殿 泥质彩塑 像高：2.00 米

阿难像（清） 菩萨顶 大雄宝殿 泥质彩塑 像高：2.00 米

密迹金刚像（清） 菩萨顶 大雄宝殿 泥质彩塑 像高：2.56米

宾头卢尊者像（清） 菩萨顶 文殊殿 木雕像 像高：1.30 米

迦诺迦跋厘惰阇尊者像（清）　菩萨顶　文殊殿　木雕像　像高：1.30 米

跋陀罗尊者像（清）　菩萨顶　文殊殿　木雕像　像高：1.30 米

苏频陀尊者像（清）　菩萨顶　文殊殿　木雕像　像高：1.30 米

十八罗汉像之一（清） 罗睺寺 文殊殿 泥质彩塑 像高：1.20 米

十八罗汉像之三（清） 罗睺寺 文殊殿 泥质彩塑 像高：1.20 米

十八罗汉像之四（清） 罗睺寺 文殊殿 泥质彩塑 像高：1.20 米

十八罗汉像之六局部（清） 罗睺寺 文殊殿 泥质彩塑

十八罗汉像之八（清） 罗睺寺 文殊殿 泥质彩塑 像高：1.20 米

十八罗汉像之十局部（清） 罗睺寺 文殊殿 泥质彩塑 像高：1.20 米

十八罗汉像之十一（清） 罗睺寺 文殊殿 泥质彩塑 像高：1.20 米

十八罗汉像之十三（清）　罗睺寺　文殊殿　泥质彩塑　像高：1.20 米

十八罗汉像之十六（清） 罗睺寺 文殊殿 泥质彩塑 像高：1.20 米

十八罗汉像之十八（清）　罗睺寺　文殊殿　泥质彩塑　像高：1.20 米

开花现佛像（清）　罗睺寺　藏经阁　开花献佛殿　木雕像

开花现佛像特写（清）　罗睺寺　藏经阁　开花献佛殿　木雕像　像高：1.00 米

释迦牟尼佛像（清） 镇海寺 大雄宝殿 泥质彩塑 像高：1.70 米

迦叶像（清）　镇海寺　大雄宝殿　泥质彩塑　像高：1.90 米

阿难像（清） 镇海寺 大雄宝殿 泥质彩塑 像高：1.90 米

比丘观音菩萨像（清） 镇海寺 文殊殿（三大士殿） 泥质彩塑 像高：1.93 米

比丘文殊菩萨像（清）　镇海寺　文殊殿（三大士殿）　泥质彩塑　像高：1.93 米

比丘普贤菩萨像（清） 镇海寺 文殊殿（三大士殿） 泥质彩塑 像高：1.93 米

白度母像（清）　镇海寺　文殊殿（三大士殿）　泥质彩塑　像高：1.44 米

释迦牟尼佛像局部（清） 广仁寺 大雄宝殿 铜像 像高 1.20 米

释迦太子像局部（清）　广仁寺　大雄宝殿　铜像

十八罗汉像之二（清） 广仁寺 大雄宝殿 铜像 像高：0.45 米

十八罗汉像之五（清） 广仁寺 大雄宝殿 铜像 像高：0.45 米

十八罗汉像之十（清） 广仁寺 大雄宝殿 铜像 像高：0.45 米

十八罗汉像之十八（清） 广仁寺 大雄宝殿 铜像 像高：0.45 米

弥勒殿塑像全景（清） 广仁寺 弥勒殿 中间主像为弥勒菩萨，左侧主像为宗喀巴大师，右侧主像为阿底侠大师

弥勒菩萨像局部（清）　广仁寺　弥勒殿　铜像　像高：3.30 米

阿底侠大师像局部（清） 广仁寺 弥勒殿 铜像 像高：1.30 米

宗喀巴大师像局部（清）　广仁寺　弥勒殿　铜像　像高：1.10 米

黄财神像（清） 广仁寺 财神殿 铜像

米拉日巴尊者像（清） 慈福寺 米拉日巴殿（白教起源殿） 石雕像 像高：0.70 米

民国（1912—1949）

清末至民国初年，在战乱频繁、社会动荡之中，因有普济和尚等高僧、檀越护持，五台山一些寺院、殿宇仍得到了修葺乃至重建、新建。到1936年，五台山保存寺院仍在一百处以上，其中的普化寺、龙泉寺、普胜寺等一些寺院，均为清末、民初创建或重建。抗日战争期间，中国共产党领导的八路军，以五台山为中心建立晋察冀抗日根据地，并团结佛教信众，保护寺院和正常的佛教活动。故据中华人民共和国成立后的1956年调查，五台山仍有寺院一百二十四处，其中青庙九十九处，黄庙二十五处。

清末至民国初年，五台山一些寺院仍造像不止，但主要集中在南山寺住持普济和尚等人所修葺、扩建的十八处寺院中，如南山寺祐国寺雷音殿、龙泉寺大雄宝殿及文殊殿等。

这一时期的一些造像，因受“人间佛教”等信仰及观念影响，在面相神情上一改以往神圣、神秘、庄严、静穆等样式风格，变得平凡朴实起来，甚至颇带人间烟火气息，如南山寺极乐寺大雄宝殿内的木雕送子观音像、文殊菩萨像，碧山寺戒坛殿的缅甸玉雕释迦牟尼佛降魔成道像等。

释迦牟尼佛像（民国）　龙泉寺　大雄宝殿　泥质彩塑　像高：1.90 米

迦叶像（民国） 龙泉寺 大雄宝殿 铜像 像高：1.90 米

阿难像（民国）　龙泉寺　大雄宝殿　铜像　像高：1.90 米

阿弥陀佛像（民国） 龙泉寺 观音殿 泥质彩塑 像高：1.80 米

阿弥陀佛像局部（民国） 龙泉寺 观音殿 泥质彩塑 像高：1.80 米

骑狮文殊像（民国）　南山寺　极乐寺大雄宝殿　汉白玉雕像　像高：1.30 米

送子观音像（民国） 南山寺 极乐寺大雄宝殿 石雕像 像高：1.25 米

释迦牟尼降魔成道像（民国） 碧山寺 护国戒坛殿 缅甸玉雕像 像高：1.40 米

图书在版编目 (CIP) 数据

五台山寺院塑像图汇 / 崔元和编纂 . -- 太原 ：三晋出版社，2019.9（2025.3 重印）

ISBN 978-7-5457-1947-5

Ⅰ. ①五… Ⅱ. ①崔… Ⅲ. ①五台山—佛教—雕塑像—图集 Ⅳ. ① K879.32

中国版本图书馆 CIP 数据核字（2019）第 289444 号

五台山寺院塑像图汇

编 纂 者： 崔元和

责任编辑： 张仲伟　李旭杰

封扉设计： 段宇杰

内文设计： 张家慧

责任印制： 李佳音

出 版 者： 山西出版传媒集团 · 三晋出版社

地　　址： 太原市建设南路 21 号

邮　　编： 030012

电　　话： 0351-4922268（发行中心）

0351-4956036（总编室）

0351-4922203（印制部）

经 销 者： 新华书店

承 印 者： 山西新华印业有限公司

开　　本： 889mm×1194mm　1/16

印　　张： 24.75

字　　数： 300 千字

版　　次： 2019 年 9 月　第 1 版

印　　次： 2025 年 3 月　第 2 次印刷

书　　号： ISBN　978-7-5457-1947-5

定　　价： 180.00 元（全二册）